嘿,你到西拉雅打卡了嗎?
SIRAYA

交通部觀光局西拉雅國家風景區管理處

美好農村生活 就在西拉雅

　　西拉雅國家風景區，位於臺南市嘉南平原東部高山與平原的交接處，範圍涵蓋臺南市 14 個區，以及嘉義縣的 2 個鄉鎮，而其最大的特色，就是那純樸善良的風土民情，與擁有豐富產業內涵的鄉村景致。區內的大多數居民以務農、水果種植、養殖等傳統產業為生，且憑藉著豐饒山水所滋養的沃土，孕育出南臺灣最甜美的作物。

　　除了家喻戶曉的冠軍米，這裡的好山好水也是孕育臺灣冠軍級水果的重要產地：春天的梅子、夏天的芒果、秋天的龍眼、冬天的蜜棗與蓮霧，每樣水果在農業達人的悉心呵護下，屢屢交出亮眼成績單；而農業精緻多元化的發展，也同時帶動了當地觀光產業的繁榮興盛。

　　來到西拉雅國家風景區一年多，為探尋新景點、新店家，我比一般遊客有更多機會獲得第一手訊息，例如：梅嶺梅峰古道是條兼具賞花、賞螢、品梅的最佳生態旅遊路線；以金合歡（學名）入菜的刺仔雞是大內頭社特有的補品，亦是道地的西拉雅族風味餐……，無論是景點、玩法或美食，處處令人驚豔、樣樣令人驚喜。

　　還記得孩提時代，常聽大人說以後就沒有煙囪了，當時心想怎麼可能？雖然事實證明，煙囪隨著時代的變遷而消失，可是燒材取火的傳統農業生活型態，目前在西拉雅國家風景區依然

隨處可見。過度的都市化, 使得回歸自然成為許多人的渴望, 不但召喚著異鄉遊子如鮭魚般回流農村打拚, 也吸引人們開始體驗鄉村之旅, 因此, 農村文化與生活, 便成為西拉雅最珍貴的資產。

　　本書為《eye 戀西拉雅》的姊妹作, 書中分成三大主題路線: 北部的浪漫美湯、東部的歡樂鄉野及南部的繽紛藝境, 看似精心規畫, 卻是渾然天成。溫泉美湯、鄉村野趣、藝術人文各異其趣, 到處充滿豐富生態與庶民文化的遊賞魅力。除了到民宿體驗阿公阿嬤口中「古早味」的農村生活, 來此, 還可大啖特有風味餐、更可增加親子情感。此外, 隨書附上《eye 戀西拉雅》電子書版光碟, 不但有翻閱功能, 還可下載至各式行動裝置, 隨時隨地掌握旅遊資訊、輕輕鬆鬆暢遊西拉雅國家風景區。

　　其實, 西拉雅還有很多精采多元的旅遊內涵, 尚待讀者啟動聽覺、味覺、嗅覺、觸覺親自體驗, 回歸原鄉懷抱, 相信必能真切感受西拉雅豐沛的生命力。

西拉雅國家風景區管理處 處長　

序

回憶處處 西拉雅

　　身為臺南府城出生長大的臺南囝仔，小的時候雖然尚無「西拉雅國家風景區」之名，然而這兒的景區景物、風土人文，對我來説卻是無比親切。

　　宛如自家後山般，讀著書裡一處又一處的地點、一篇又一篇的導覽，俯拾盡是熟悉的景致與地名。過往多少年來，曾和家人在此留下的甜美歡樂記憶，頓時一一浮現眼前。

　　還記得，嘉南平原土地平曠，所以自小周遭生活極少看見山，遂而每回出遊，乘車駛向這一帶，當起伏坡陵及蔥蘢山色映入眼簾之際，那份無可言喻的雀躍與歡快，隨即湧上心頭；也總記得，每次在關子嶺好漢坡上下走一回後，當那顫抖痠疼的雙腳，一口氣浸入日式老旅館古舊浴室裡，宛如泥漿般濃稠的熱燙泉湯時，那彷彿神仙般的舒暢令人難以忘懷。

　　更不用説烏山頭以及曾文水庫，這兩個地方是我們全家最愛去的地方，那明媚山光映著平水如鏡，如此美景，總讓人忘卻熱辣炙人的南臺灣驕陽。

　　「還有好多地方想去呢！」一頁頁的翻閱此書，我一面懷念、一面新鮮，有的是過往還來不及的造訪；有的，則是隨著時間增添的新風貌……。

　　豐美富饒的環境、勤懇敦實的人們、還有那長長歲月薈萃涵泳出精采深厚的歷史人文，讓西拉雅國家風景區，成為值得一遊再遊、咀嚼玩味的優美之地。

　　下次回臺南時，再去走一趟吧！我和自己相約。

旅遊美食名家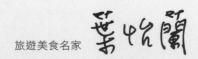

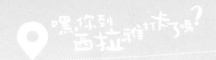
歡迎到我的故鄉遊玩
感受西拉雅之美

　　我的母親，是西拉雅族的目加溜灣社人（現在的臺南善化），我的身上流著西拉雅族的血液。大內是我的出生地，也是充滿童年回憶的地方。大內位於山區與嘉南平原的交界，境內有 70% 以上都是低海拔的山坡地，是一個民風純樸的鄉村。多數居民都是以務農為主，其中又多數種植芒果、酪梨、鳳梨、木瓜、文旦、龍眼等農產。記得小時候，媽媽上山種水果時，總會把我帶在身邊，於是，果園成為兒時玩耍的遊樂場之一。

　　善化和臺南，則分別是我就讀小學和中學的地方，善化老街、善化糖廠，以及府城的歷史、人文和美食，都曾經在我的生命中，留下珍貴且美好的回憶。16 歲加入青棒隊之後，我離開了故鄉，也正式開始職業球員的生涯；旅美期間，故鄉人、事、物及味蕾的記憶，成了我化解鄉愁的最佳良方。

　　離開故鄉在外地打拚近 20 個年頭，那些屬於年少的美好時光，似乎也漸漸遠離。《嘿，你到西拉雅打卡了嗎？》這本旅遊書，裡面有我熟悉的景物、曾經走過的老街、與玩伴一起遊玩的景點、平埔族的傳統夜祭等，都是我最美好的記憶。西拉雅是我生長的故鄉，這裡有許多值得探訪的文化、建築、自然景觀及特色小吃，希望透過這本書讓大家更加了解我的故鄉，以及屬於西拉雅的故事。邀請你到西拉雅來玩，親自感受這裡獨特的美麗！

Lamigo 桃猿隊球員 陳金鋒

目次

浪漫 美湯線 ♨

歡樂鄉野線 A

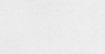

PART. 3

繽紛藝境線

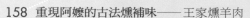

PLUS

附錄

西拉雅 風景之最

臺灣第一塊人類化石的發現地；以為消失的平埔文化在此完整保存；200 年不變的江家聚落。而另一頭，明清時期的鬥蟋蟀重現虎頭埤，還有黑色溫泉、水庫之最、草山惡地形，這些都是你所知道的西拉雅，但仍有更多的未知，等著你來一一探尋！

◉ 全臺水庫數量最密集

西拉雅區域內共有 7 座水庫：尖山埤、鏡面、鹿寮、曾文、烏山頭、白河、虎頭埤。其中，曾文水庫為臺灣容量最大的水庫；而全臺唯一使用「半水成式工法」的烏山頭水庫，竣工後則改寫了嘉南平原的歷史。

◉ 全臺唯一的泥漿溫泉

黑色的溫泉，全臺只有關子嶺才有。溫泉水夾帶大量泥漿，豐富的礦物質、濃重的硫磺味，獨特天然配方，贏得國寶級溫泉的稱號。日治時期傍著河岸的第一座溫泉療養所，搭配《關子嶺之戀》一曲悠悠傳唱，歷經百年的溫泉鄉，風韻依舊、璀璨如昔。

◉ 全臺最大的藏傳佛教道場

隱身山林的噶瑪噶居寺，擁有佛門的莊嚴與世外桃源的幽靜，寺內的如來殿、文殊院、舍利塔、財神窟為其主要建築，銅鑄、箔金、眉心鑲有 300 顆鑽石的 16 公尺高釋迦牟尼佛坐像，亦為臺灣之最。因舍利塔高聳醒目，所以此地也有「寶塔山」之名。

◉ 全臺最古老的人類化石

在菜寮溪畔發現的全臺第一塊人類化石——舊石器時代「左鎮人」，將臺灣史前人類的考證，往前推進至距今 3 萬年前的「更新世」，與北京山頂洞人同期。爾後陸續出土的，尚有犀牛、鹿、象、貝、魚等陸相與海相化石，數量驚人，為臺灣的考古寶藏庫。

◉ 全臺最美的惡地地貌

岩石嶙峋、稜角分明，如月球表面般散發神祕詭異氣氛的草山月世界，是一片從臺南左鎮延伸到高雄田寮、燕巢、內門的青灰岩地形。有著線條剛硬的懸崖峭壁，又因土質為高鹼性，使得這裡草木難生、荒蕪蒼涼。然而此處四季景致各異，且 2、3 月的刺竹紅葉景觀獨步全臺，景色美不勝收。

◉ 全臺最大的傳統閩南式聚落

從土埆厝、竹編厝，到日治時期的紅磚屋、洗石子牆飾，江家古厝是臺灣鄉村建築演進的縮影。130 多棟的屋舍，依照 200 年來遵循的形制，從中軸線向外排列成 13 條護龍，成為臺灣現存最完整、規模最大的同姓傳統聚落。

春日

- 烏山頭櫻花季／官田區
  地點：烏山頭水庫風景區（3月中旬～4月中旬）
- 梅嶺賞螢季／楠西區
  地點：梅嶺風景區（4月～5月底）

📍 西拉雅 四季節慶

夏

- 白河賞蓮季／白河區
  地點：蓮花公園（6月底～8月）
- 芒果季／南化、玉井、楠西、左鎮區
  地點：南化、玉井、楠西、左鎮區（6月～7月）
- 紅葉公園蝴蝶遊樂園／白河區
  地點：紅葉公園（7月～8月）
- 東山龍眼季／東山區
  地點：東山區（7月～8月）
- 火王爺祭／白河區
  地點：關子嶺溫泉區（農曆6月24日）

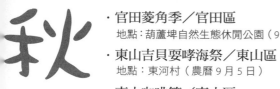

秋

・官田菱角季／官田區
　地點：葫蘆埤自然生態休閒公園（9月～10月）

・東山吉貝耍哮海祭／東山區
　地點：東河村（農曆9月5日）

・東山咖啡節／東山區
　地點：東山咖啡公路（10月～11月）

註：各節慶之相關活動細項，詳請參閱 P176 西拉雅節慶玩賞小叮嚀。

冬

・溫泉美食嘉年華／白河區
　地點：關子嶺溫泉區（10月～翌年1月）

・頭社太祖夜祭／大內區
　地點：太上龍頭忠義廟（農曆10月14日～15日）

・大埔謝公願／嘉義縣大埔鄉
　地點：北極殿（農曆11月15日）

・大埔瘋單車／嘉義縣大埔鄉
　地點：大埔村（12月）

・梅嶺賞梅季／楠西區
　地點：梅嶺風景區（12月～翌年1月）

・東山迎佛祖／東山區
　地點：碧軒寺（農曆1月10日）

PART, 1

浪漫美湯綠巡

《關子嶺之戀》為百年溫泉區平添溫柔纏綿的想像，
跟著吳晉淮在關子嶺、柳營的足跡，追尋那懷舊滋味。
八田與一是日本人，卻以博愛精神為異鄉人解決民生之渴。
白河賞蓮賞情、東山咖啡公路為旅途增添風味。
西拉雅還在，謝謝他們幾百年的堅守，
多元種族文化讓臺灣更豐富美好！

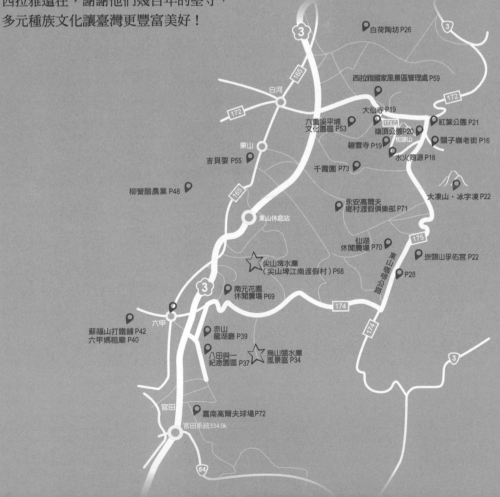

關子嶺老街

古樸和風溫泉鄉

1904 年，河畔築起第一家療養所後，便從此開啟了關子嶺的風光歲月。日治時期，為了守護嘉南平原的安全，日本人在此屯兵，卻意外發現了溫泉。但早年溫泉的開發不是以觀光為目的，而是著重其對於傷兵的療效。

當時的療養所後來改名為靜樂館，頂著第一家溫泉旅館的名號營業至今。老建築早已拆除，僅保留門外掛著「吉田居」的房間；沒有浴場設施，只提供溫泉客休息，由此可推測早年湯客泡的應是野溪溫泉。爾後開幕的元龍田屋，則是關子嶺大旅社的前身。然而隨著歲月更迭，老街建築也一一拆除更新，現在只剩關子嶺大旅社，仍維持百年的日式建築模樣。

走出老街，沿著河畔步道可直通寶泉橋，一窺關子嶺溫泉的源頭。若順著老街旁的天梯往上爬至高處天橋，則可從另一個角度欣賞關子嶺；而天梯另一頭銜接的好漢坡，則是當年傷兵練體力之處。

陡峭的好漢坡又被稱為「男人的坡」。

夜晚點上燈的寶泉吊橋，營造溫泉鄉濃濃的日式氛圍。

得天獨厚的名泉美湯

關子嶺的泥漿溫泉洗後皮膚柔滑Q嫩，堪稱是天然的美容聖品。

關子嶺泥漿泉有清潔、保濕、去角質的功效。

真的不誇張，泡入池子沒多久，就會被自己滑嫩「咕溜」的肌膚所驚豔，這就是泥漿溫泉的魅力。

臺灣的溫泉區中，只有關子嶺地區的溫泉屬黑色泥漿泉。而根據泉質分析顯示，關子嶺的泥漿溫泉屬鹼性碳酸泉，含豐富礦物質、有軟化角質的效果，所以洗後皮膚嫩滑、再現蘋果肌，也因此成了愛美女性追求「浴罷恍若肌骨換」而趨之若鶩的名泉美湯。

關子嶺泥漿溫泉的發現時間，可追溯到 1898 年，之後因為 1913 年的一份報告指出，這裡的溫泉因為含有微量的鐳元素，所以對於皮膚過敏、消除疲勞及美容保養有其顯著的功效。

泡泥漿溫泉入池時應先慢慢浸泡至胸部以下，等適應後再全身浸入湯池；若感覺心跳加速，要立即起身休息；每次的浸泡時間建議以 15 分鐘為限，入浴前後也別忘了多補充水分。此外，泡湯前不適合飲酒，飯後則要先休息才能泡湯。

比較特別的是泡完泥漿泉不需再以清水沖洗身體，只需用毛巾擦拭即可，因為這樣就可以讓美膚的效果持續。另外，有些飯店還會提供溫泉泥讓客人敷臉、塗抹身體，更能直接體驗泥漿的美麗魔力。

水火同源 📍

噴火麒麟觀奇象

水火同源是關子嶺的代表景點，據傳康熙年間就已經被發現。岩壁有泉水湧現、積水成池，壁上也會同時冒出天然氣，只要氣體供給不絕，火焰也永不熄滅。有時天然氣噴出旺盛，水面就會突然點起一把熊熊火焰，引來遊客陣陣驚呼。

傳說這裡住著一隻愛現的麒麟，噴火表演是牠引人注意的絕技。水火同源就是牠的頭，牠的尾巴由紅葉隧道向東延伸，而牠四隻腳所站立的位置，即為關子嶺溫泉區。

水火同源也讓關子嶺地區坐擁許多天然能源，因為從地底冒出的天然氣可用來烘衣服、煮水等，不但便利，也讓這裡的居民省去許多瓦斯費。

而從這裡到火山碧雲寺中間有步道相連，如果時間允許，不妨將車停在此處，優閒漫步前往，享受山林的寧靜與美好。

水火同源又名「水火洞」，名列臺灣七景、也是臺南市的八景之一。

★★ 溫泉守護神火王爺

1902 年日本人開發關子嶺溫泉時，於水火同源供奉不動明王祈求平安，之後則在老街附近建廟祭祀。而這尊來自日本九州的中央不動明王，不但成為關子嶺溫泉業者的守護神，更化身成為此地獨有的「火王爺」，以中國人的方式祭祀、卜求爐主，保佑溫泉源源不絕。

關子嶺的火王爺廟規模不大，如同一般的土地公廟，其所供奉的不動明王，則是以火焰為背景、採平面立體浮雕的樣貌呈現，怒容威武中透露著慈愛之情。

火山碧雲寺 · 大仙寺

靈山勝境洗塵埃

坐落在關子嶺山林秀麗的半山腰、背倚枕頭山的火山碧雲寺，廟前可遠眺廣闊的嘉南平原，傍晚時分夕陽映照，一片橘紅美不勝收。

建於 1796 年的火山碧雲寺建築大器，為閩南廟宇與日式廟宇的混合。洗石子牆是一大特色，至今仍保有古廟的莊嚴，與不刻意修飾的歲月刻痕。細看山門的泥塑、剪黏，樸實卻不失精雕細琢；門前一對掛著可愛笑容的獅子表情生動有趣，最引人注目。

山門左側有個出米洞，傳說在寺廟無米為繼時，會自動湧出米來，還會按照僧人的數量自動增減，直到一名貪心的僧侶，想將米據為己有遂徹夜偷挖，從此米洞就不再出米。

而鄰近關子嶺溫泉區、建於1701 年的大仙寺，廟裡供奉釋迦牟尼佛巨像的大雄寶殿，其建築仿日本奈良佛寺，以沈穩的平直脊樑，取代圓弧向天的燕尾，相較之下，多彩山門、浮雕金色雲龍的御路石更顯華麗，如此的中日融合，彷彿以建築記憶著時代的演變。

📄 info

火山碧雲寺
· 地址：臺南市白河區仙草里火山路 1 號
· 電話：（06）685-2811

大仙寺
· 地址：臺南市白河區仙草里岩前路 1 號
· 電話：（06）685-2143

碧雲寺依山而建，寺門古樸雅緻，內部棟樑雕刻細膩。

大仙寺古樹參天，傳說為「仙人拋網」的靈地。

嶺頂公園

八月桂花溢清香

　　嶺頂公園是一複雜的組合，各個時代的推進，都曾在此留下歲月的鑿痕。它曾是日治時期的神社、也曾是關嶺國小，之後又是 2 層樓建築的孔廟大成殿。而現在，則已成為西拉雅國家風景區管理處資訊站，且公園裡時時傳來《關子嶺之戀》的歌聲。

　　遊客資訊站是公園內的唯一建築，沿著階梯往下走，是最吸引人的桂花小徑。比人還高的桂花在步道兩側枝椏交疊、綠意濃密，漫步其中清香撲鼻令人陶醉。

　　階梯的盡頭，則是吳晉淮雕像廣場。身為詞曲創作者的吳晉淮，其日語、臺語創作歌曲超過 200 首。而這首紅極一時的《關子嶺之戀》，則是他到關子嶺旅遊後，所寫下的歌曲。

　　嶺頂公園也是關子嶺好漢坡的盡頭。好漢坡起點在老街的天梯

嶺頂公園的桂花小徑，每逢花開季節總是滿溢著氤氳繚繞的清香。

旁，原有 293 階，俗稱「三百棧」；日治時期被稱為「男人的坡」，供傷兵練身之用。後來因道路修建被截斷，目前僅剩 243 階，但一路陡峭的上坡仍讓遊客體力耗盡、腿痠不已。此外，老街附近的溫泉源頭旁，則有條新規畫的「新好漢坡」，同樣等著遊客前去挑戰。

info

嶺頂遊客資訊站

· 地址：臺南市白河區關子嶺風景區嶺頂公園大成殿
· 電話：（06）685-7455
· 服務時間：週一～週日 9：00 ～ 17：00

紅葉公園 📍

蝴蝶生態遊樂園

　　因南部天氣較熱，所以每年的紅葉公園無法窺見楓香、青楓的秋紅片片，也使得老景點的魅力漸失。經西拉雅國家風景區管理處著手整理，除了增加木棧道、觀景平台的散步空間，同時種植多種蜜源植物，也因此就地保育、復育了多樣品種的蝴蝶。

　　許多人喜歡坐在觀景台，俯看關子嶺溫泉區的全貌。紅葉公園原名「枋仔坪」，「枋仔」就是臺語的楓香。然而園內隨著四季變化最為明顯的，卻是成片的大花紫薇，春夏之交串串的紫色花朵十分迷

現今的紅葉公園，已成為一蝴蝶生態園。

人。此外，關子嶺地區有 114 種蝴蝶品種，且全臺現有的 13 種斑蝶，就有 12 種曾在此處出現。而西拉雅轄區內曾 3 度發現標放的斑蝶，若可進一步確認此處為蝴蝶遷徙廊道，將是致力保育的最好回報。

⭐⭐ 斑蝶標放

標放，是在蝴蝶翅膀做記號，以確定其遷徙路線。西拉雅轄區內共發現 3 次標放蝶，第一次是 2006 年在官田發現，從高雄茂林飛過來的斯氏紫斑蝶；第二次是 2011 年 3 月，在崁頭山發現的小紋青斑蝶，標放地點位於屏東春日鄉；而最近一次則為 2012 年 7 月，在紅葉公園發現的小紫斑蝶，標放地點為雲林的成功國小。

斑蝶遷徙有許多謎團待解，但目前較為確定的，是紫斑蝶的島內遷徙南北距離長達 300 公里，而東西向則各有一條路線，所以每年清明節前後，國道 3 號林內路段，都會封道讓路給紫斑蝶通行。至於青斑蝶的遷徙，則鎖定在臺灣與日本之間的跨國遷徙，目前發現最長的移動距離約為 1,500 至 1,700 公里左右。

休閒賞花兼練體力

想要挑戰攀登大凍山，多是為了那「臺南最高山」的名號。海拔 1,241 公尺的大凍山，約 5 小時可走完全程，但對腳力頗為考驗。

從崁頭山步道出發的前半段路程是一路上坡的階梯，對於平時不常運動的人來說，肯定會「鐵腿」，雖然辛苦，但仍值得一遊。

崁頭山步道的起點位在市道 175 號的仙公廟（孚佑宮）後方，步道穿梭在濃密的低海拔闊葉林裡，沿路還有非洲鳳仙、紫色的紫背鴨趾草、毛絨絨的白色蛇根草等植物，讓旅途增添不少的賞心悅目。

此外，沿途還有三大景觀可欣賞：一是橫越步道的巨大「石蟾蜍」；其二則為外型似寶塔、傳說每到晨昏塔頂隱約可見縷縷輕煙的「乾寶塔爐」風化石；三是視野極佳的「情人石」，想必是因為石頂空間局促，容易讓不是情人的兩人擠成情人，因而得名的吧！

另外，攀爬大凍山也可由關子嶺商圈當做起點，但大多數的人會省去前段約 1 公里的步程，改從仙公廟出發，全程約 5.1 公里。此路線前半段為貫穿檳榔園的柏油產業道路，檳榔樹下幾乎被非洲鳳仙占滿，因此每當花開季節，總會忍不住驚嘆它的豔麗繽紛。

由於此路線有 3／4 的步徑沒有樹蔭遮蔽，因此建議夏天最好避開中午時段健行；視野開闊時，嘉南平原、阿里山山脈盡收眼底，有時雲霧繚繞，另有一番情趣。

仙公廟後的產業道路，也是攀登大凍山的起點。

崁頭山步道沿途有特殊自然景觀可欣賞。

綠色隧道・木棉花道

騎鐵馬遊白河

單車早已不再只是交通工具，更是一種可以深入體驗在地的旅遊方式。騎鐵馬遊白河，不但能欣賞蓮田的美麗景致，還可享受穿過綠色隧道、木棉花道的自在愜意。若不知如何開始這趟鐵馬之旅，不妨先到 3 條路線交會的竹門國小前方看板研究路線。

白河區公所開闢了全長 32 公里的 3 條自行車道，尤其是綠色隧道因沿途有芒果樹遮蔭，使得一路涼風習習，騎乘時格外愜意舒適。此外，這條路線一側為芒果樹、另一側為蓮田，景觀美不勝收，建議遊客不妨串連白荷陶坊、蓮花公園等景點一路遊玩。其中最短的 3.9 公里路線，則可經過蓮田、綠色隧道，而出發地的竹門國小旁，就有單車租車站，可供遊客租借單車。

此外，蓮花季前的林初埤木棉道，同樣是白河每年 3、4 月的焦

白河林初埤附近的木棉道，是遊客漫步、攝影、騎單車的熱門景點。

點，這裡也有鐵馬道指標，為舊時臺南縣政府所設立的，從後壁小南海沿著舊台糖鐵道一路而來。夾道而立的木棉樹，枝椏布滿橘紅碩大的木棉花，使得木棉道與鐵馬，構成一幅美麗的畫面。

在白河騎單車雖然舒服，但租車站不多，大德街的樂活租車站，以及竹門國小旁的竹門社區發展協會，為其中較具規模的店家，此外，也可向住宿的民宿租借，一樣能享受騎乘的樂趣。

蓮鄉白河 📍

蓮花嬌豔如少女

「荷葉羅裙一色裁，芙蓉向臉兩邊開」，這樣的綠究竟是荷葉還是採蓮少女的裙襬？粉嫩的雙頰到底是少女的胭脂還是荷花？詩詞裡詠蓮的意境著實令人嚮往，也讓參與這場夏日美麗盛宴的遊人，從古到今從沒間斷。在白河，蓮花季每年 6～8 月登場。

白河蓮田的面積約有 200 公頃，占全臺的 2／3，使得「蓮鄉」之名恰如其分。因大賀蓮的蓮子與蓮藕都有不錯的產量，所以成了白河普遍種植的品種，且因發音相近，所以也常被叫成「大憨蓮」。

而玉豐里面積達 4 公頃的蓮花公園，是白河的賞蓮重點，設有木棧道、賞蓮亭，不但能就近欣賞蓮花，也可從高處鳥瞰綠海中粉紅花朵飄舞的景致。此外，蓮潭里、大竹里的蓮田也各有其特色，建議

連綿的蓮田風光，讓白河有「蓮鄉」的美名。

不妨利用區內規畫的 4 條單車道，享受騎鐵馬賞花的樂趣。王昌齡《採蓮曲》後兩句為「亂入池中看不見，聞歌始覺有人來」，就是為了形容蓮花如少女般的嬌豔動人。

然而，蓮花、荷花究竟如何區分？其實應該區分的是蓮花與睡蓮，因為蓮花就是荷花，有蓮藕、蓮蓬、蓮子，睡蓮則沒有這些構造。蓮花較有其經濟價值，地下莖及種子皆可食用；睡蓮則常被拿來做成切花及加工成為蓮花茶。

蓮葉長得又高又密，所以討生活的蓮農其實相當辛苦。夏季高溫容

✦✦ 後壁蘭花生技園區

臺灣原生的蝴蝶蘭有一大一小兩種，即為白蝴蝶蘭與桃紅蝴蝶蘭，是臺灣所產蘭花的主要親本。臺灣蘭農 95％種植蝴蝶蘭，占全球 2 成的產量，且品種超過 3 千種。從培育、除錯到檢驗，一個新品種的蘭花大約要花 3～5 年才可上市。

耗資 52 億打造的臺灣蘭花生物科技園區占地 200 公頃，共有 48 戶蘭農進駐。前段規畫為遊客服務區，可參觀蘭花組培、育苗等不同過程，還有蘭花餐廳、蘭花製品賣場等。而號稱獨家技術的黃金蘭花，是將活株部分乾燥，再以奈米蒸鍍上 24K 黃金，其中的鎮店之寶。

易中暑，所以蓮農習慣天未亮時先採蓮蓬，10 點多收工後再開始剝蓮子，去膜、去心。現今有許多進口的便宜蓮子與蓮藕粉爭搶市場，有的甚至會漂白或摻入木薯粉，因此購買時要格外小心。多數遊客會選擇花季時來到白河，花開固然美麗，但其實蓮田四季各有風情。花季過後的枯黃蕭瑟、春季新葉浮水的新生力量，處處展現不同的魅力。睡蓮則四季皆可賞，大竹里的睡蓮景觀十分有名，蓮緣、白荷蓮香亭都有種植，也可試試登上葉子直徑達 200 公分的大王蓮。

蓮子餐則是白河的另一特色，但多數餐廳只做蓮花季的生意，全年皆有供應、且為當地人所推薦的餐廳則是新興園。若只想來個簡餐過過癮，不妨試試白荷蓮香亭，這裡的荷葉香飯、蓮花雞湯等，都只要幾個銅板的價格而已。

大王蓮可以讓遊客坐在荷葉上，體驗水上飄的樂趣。

白荷陶坊

陶淵明人人可當

　　幾十年彎腰屈身採蓮，膝蓋都變形了，但卻為了生活不得不做。然而這裡的天空碧澄如洗，蓮葉田田，「所以只要懂得欣賞，老農夫也是陶淵明，」白荷陶坊的林文嶽，一直以來所推廣的，即為生活的美學態度。

　　染布從天花板垂掛，幾幅字畫、數個陶壺藝品擺放其中……，進入白荷陶坊，最先映入眼簾的就是主人林文嶽的作品展示空間。不像博物館般的規矩嚴肅，而是一個讓人想坐下來慢慢欣賞的地方。因為字畫再美，如果眼到心不到，專程來這一趟也是枉然。

　　林文嶽的思維，以蓮花為主；水墨畫、書法、陶藝等，也都圍繞著蓮花的主題創作。在他「為在地材質尋找其可能性」的堅持下，陶藝作品的青色還原燒、紅色氧化燒，全都是關子嶺的溫泉泥，

吸收不同氧氣量後的美麗呈現；白色的陶瓷，則是蓮蓬灰的塗妝，其中最難的嘗試，就是在陶器表面所呈現的水墨畫作品，一火一水的極端衝突，經過高溫的試煉，仍保留住水墨畫的溼潤暈散感。

　　一枝蓮花可能只賣 5 元、10 元，但畫出來的蓮花卻能賣到數千元，所以林文嶽認為，美學可以創造經濟價值。陸羽是他最佩服的大師，因為茶葉不過是幾片葉子而已，但《茶經》卻將品茶藝術推廣千年，可說是最成功的文創案例。

白荷陶坊是以蓮花為主題的人文藝術館。

📇 info

白荷陶坊
・地址：臺南市白河區崎內里 5 鄰 38 號
・電話：（06）685-0339

　　陶藝 DIY、畫蓮花衫，乃至於享用蓮子餐，在白荷陶坊 2 小時的體驗不在於做了什麼，而是學了些什麼。這裡強調互動之美的生活觀念，認同此一理念而來的遊客，每年就有上萬人。從茶經演繹、儒家思想，林文嶽獨創的蓮花茶道「入、坐、需、荷（和）」，從外在儀式到內在控制，以蓮葉的圓滿與紀律做為結束，曲水流觴、迎荷茶席，坐在池邊欣賞蓮花還能體驗古人的風雅。

　　白荷陶坊的蓮想網站，每天更新蓮花日記，從第一片葉子寫到香消玉殞、殘葉散盡，讓蓮花四季可賞，且每天都有不同的心情感受。

左上：在白荷陶坊能體驗陶土與雙手的契合。
右上：垂掛染布的空間，可欣賞畫作與陶藝品。
右下：閒坐竹寮沏茶品茗，遠離塵囂好愜意。

東山咖啡公路

「很難喝」的咖啡現在很流行

採集東山仙公廟後方的野生咖啡，用辦桌的大鍋炒過、用中藥行借的器具磨碎後，拿到市區擺攤賣卻賣不出去，因為試喝過的人都說，「這東西聞起來很香，但喝起來很苦、很難喝」。那個年代咖啡還是新奇的玩意兒，能接受的人不多，使得東山咖啡的發展，也在這個時間點中斷。

經營 T2 COFFEE 民宿的賴建良說，日治時期日本人在楠西設有咖啡試驗農場，成品只獻給日本天皇，一般百姓無法品嘗。爾後，日本人離開了臺灣，仙公廟後方的野生咖啡樹，就靠著曾綠波先生從咖啡實驗農場所帶出來的種苗，加上鳥兒吃了成熟果實後排出的種子飛到哪裡撒到哪裡，讓此處冒出許多所謂「鳥種的」野生咖啡樹。

早年被嫌「很難喝」的咖啡，而今卻成為一種時尚、一種品味，有人甚至將它視為生活必需品，每天沒有喝上一杯就會渾身不自在，也因此創造了咖啡的龐大商機。

東山咖啡公路上，有許多間庭園造景的個性咖啡店，讓這條蜿蜒公路的空氣中，瀰漫著濃濃的咖啡香，也讓東山咖啡公路響亮的招牌

賴建良結合在地特色提高咖啡的附加價值。

★★ 咖啡豆解密

東山地區的咖啡為阿拉比卡品種，原產於東非衣索比亞與蘇丹，是世界普遍種植的品種，但因種植地區土壤、氣候不同，使得咖啡豆口感差異變化很大。

茜草科的阿拉比卡咖啡樹，為多年生灌木，高可達 5 公尺，有些咖啡園為方便採收，會不斷修剪使其矮化。咖啡花量多，所以當白色花朵綴滿枝條，就有「四月雪」之稱。每年約有 6～7 次的花期，而 3、4 月開的花經過半年的成熟期，大約秋天就可進行採收。此時枝條已被綠的、紅的小圓豆占滿，但只有「鳥豆紅」（臺語）的紅透果實才能使用，因此只能靠人工每天仔細巡視每根枝條採收，無法以機器代勞。

東山咖啡享有豐富的天然資源，使其口感香醇濃郁。

因農民的細心栽培，所以東山咖啡豆品質優良。

一掛出來，就能讓人有清楚、明確的畫面，而這些能立即產生聯想的記憶，全都來自於我們喝咖啡時的美好經驗。

每年 10～11 月，東山咖啡節登場，「咖啡紅了、橘子綠了」正是此時東山的景觀寫照，因為除了可以喝到香醇的咖啡，也可吃得到產季同樣在此時的青皮椪柑。

東山地區咖啡的產量近 30 公噸，多種植於檳榔樹或龍眼樹下，咖啡農也多為果農轉型或兼種。為了嚴格控制品質，許多店家都有自

己的咖啡園自產自銷。品質佳的東山咖啡價格並不便宜，一磅咖啡豆要價 1,200 元。

賴建良指出，咖啡豆的篩選過程極為嚴格，手工採下的鮮紅咖啡豆要先泡在水裡發酵，接著撈起浮在水面上的豆子，因為這些大多是蟲蛀的不良豆，如果不撈掉，煮出來的咖啡就會有雜味。

經過這一道篩選的過程，咖啡豆就已經去掉一大半，之後再加上脫皮、日曬、脫殼的製豆流程，豆子的重量一直減輕，因此，從採

收到烘焙完成的咖啡豆，大約只有最初的 1／6 至 1／8 重。

咖啡豆經烘焙過後的 2～3 天，火爐味較濃厚，爾後的 2 週則是咖啡豆的黃金賞味期，但接下來 1～3 個月的咖啡豆味道則持平，這也是賴建良建議咖啡豆一次不要買太多的原因。

假設店家在你訂購時才開始烘焙咖啡豆，那麼寄出後貨到正好是咖啡的黃金賞味期，所以若一次買得太多、又未妥善保存，就會平白浪費了咖啡豆。

東山特色咖啡館

溫暖樸實鄉居風

東山咖啡公路現在有將近 30 家的咖啡店，看到優香咖啡的招牌，就會進入這條光聽名稱就讓人覺得浪漫的公路。

東山咖啡公路位於市道 175 號大約 6 公里到 16 公里之間，由於大都為傳統農家轉型而成，所以這兒

的咖啡店看不到華麗氣派的建築，反而因為延伸了每位經營者的個性，所以各有其強烈的自我風格。

東山地區的咖啡為阿拉比卡品種，為凸顯其果香與入喉後的回甘甜味，一般都採「淺焙」或二爆前起鍋的「中焙」來烘焙咖啡豆。

淡咖啡色豆子所煮出來的咖啡，從熱到冷的口感會持續變化，雖然隨著溫度降低酸度就會愈明顯，但喝完後喉頭會湧出甘甜滋味。

T2 COFFEE 民宿的主人賴建良，對於煮咖啡的每個細節分明且講究，不藏私的他，還會與客人分享

T2 COFFEE 咖啡民宿有著八角窗、木斗栱與圓柱的傳統建築。

餐廳內擺放許多 T2 車模型。

T2 COFFEE 民宿
・地址：臺南市東山區高原里 109-1 號
・電話：（06）686-4388 ／ 0922-025-355

大鋤花間
・地址：臺南市東山區高原里高原 109-17 號
・電話：0939-723-117 ／ 0952-001-821

十方源咖啡
・地址：臺南市東山區高原里北寮 74 號
・電話：（06）686-3089 ／ 0933-690-775

竹栱仔厝
・地址：臺南市東山區南勢里大洋 9 號
・電話：（06）686-1702 ／ 0958-129-986

龍湖山生態農莊
・地址：臺南市東山區高原里 109-6 號
・電話：（06）686-1880 ／ 0932-896-974

瑪哩咖啡
・地址：臺南市東山區高原里明治街 29 號
・電話：0933-706-710 ／ 0935-710-599

老家咖啡
・地址：臺南市東山區高原里李仔園 90 號
・電話：（06）686-1230 ／ 0961-108-198

所有煮咖啡的「撇步」。淺焙的
豆子用虹吸壺煮，過程重視以最
小的力道進行最少的攪拌，以最
低干擾程度溶出咖啡的精華原味。

　　大鋤花間，被公認是東山咖啡
公路上最有氣氛的店家。主人郭雅
聰保留在地的樹木與大石，以手
作的樸質感，創造出讓人流連忘
返的空間；小徑旁一個個有著可
愛圖形的燈箱，則是他一釘一釘

走進大鋤花間可以看到主人的童趣手創，處處充滿驚喜。

入口處的銅鐵雕燈，都是大鋤花間主人郭雅聰親手敲打製成。

嘿，你到西拉雅打卡了嗎？

十方源最特別的就是老闆女兒自繪的可愛菜單本。

竹桌椅、竹招牌及竹子咖啡亭，皆由老闆親手打造。

錘打製成的。剛開始接觸咖啡時，郭雅聰還曾嘗試用爆米香機來「爆咖啡」，而且花了好多工夫研究，但現在因為咖啡豆的需求量變大，只得改用專業機器烘焙。

看著十方源咖啡的老闆王超永打著赤腳忙進忙出，不少老客人也跟著有樣學樣，打著赤腳一起回歸童趣。來到這裡看到老闆女兒可愛又逗趣的手繪菜單，都會忍不住莞爾一笑。

這間由全家人一起蓋成的咖啡屋，最初就是設定要以廢棄材料來蓋建，但卻一直苦無材料來源。沒想到為了避開高速公路的塞車路段，挑選了另一個基地，竟意外發現一批可用的廢材。這裡的咖啡豆採中焙，在熱水湧上虹吸壺上段時，先加水降溫後才加入咖啡粉，並於20秒後立刻離火，煮法特別。此外，因為主人全家都信佛吃素，所以這裡只供應健康新鮮的素食。

竹桁仔厝，顧名思義就是以竹子搭成的房子。土生土長的主人賴藝文，仍以生產龍眼與咖啡為主。因為老闆娘陳彥錦的娘家開的是中藥店，所以這兒的料理皆以中藥入菜，像是用野生木瓜製作而成的涼拌青木瓜、用香氣特殊的昭和菜煎蛋，而咖啡雞則是用中藥加入咖啡，並選用肉質軟硬適中的放山雞製作而成，如遇咖啡採收季節，還會加入一顆顆的咖啡果實熬煮。

若僅想品嘗這裡的咖啡特色料理，老家咖啡的水餃、瑪哩咖啡的酥皮甕仔雞與咖啡料理，也同樣受到遊客們的喜愛。

此外，垂掛著珠簾與鮮豔蘭花，並用奇形怪狀鹿角蕨等大量植栽點綴，將竹屋打造如林間用餐環境的龍湖山生態農莊，也是旅客用餐、品嘗咖啡的不錯的選擇。

這裡最出名的就是用咖啡及龍眼乾料理的特色美食，像是咖啡雞湯、咖啡烤雞腿、咖啡水果捲、桂圓糯米捲等，無論中式或西式、從前菜到甜點，都能滿足所有饕客嘗鮮的味蕾。

烏山頭水庫 📍

八田與一無國界之愛

　　日本戰敗，去皇民化如野火燎原，蓄積的仇恨一下子爆發開來，許多日本人遭到報復，但嘉南里的居民卻挺身而出，保護無辜的受害日人。這個因建造烏山頭水庫而形成的村落，在水庫興建者八田與一的領導下，沒有階級、沒有欺壓，讓臺灣人受到與日本人同樣的公平對待。這位偉大的工程師，

留給世人最珍貴的禮物，不僅僅是烏山頭水庫，還有那無國界之愛。

　　嘉南里舊名三腳埤，八田與一為了安置工程團隊及其眷屬，便在此興建宿舍，發展成一個包含小學、醫療院所、派出所、公共浴池的完善社區，生活機能齊備，使得建造水庫的部分工程人員於水庫完工後，選擇留在當地居住，也讓嘉南里由「暫居型」轉為「定居型」的聚落。

　　乾旱、洪水、鹽害，是 20 世紀初對嘉南平原影響最大的災害。八田與一提出烏山頭水庫與嘉南大圳興建計畫，總花費為 5,400 萬日圓，若以當時臺灣工人的平均工資一天 0.8 日圓計算，可以想見日本政府對這個經費龐大興建案的反對。不過，八田與一並不氣餒，多次送交提案，再加上當時日本迫切需要臺灣的糖與米，最後計畫終

八田與一建設臺灣、貢獻卓越。

烏山頭水庫除了供應嘉南地區農田灌溉用水，更肩負大臺南地區公共給水及工業用水調配之責。

★★ 八田與一網站

也許是早年的政治環境使然，八田與一雖然在臺灣貢獻了 30 年，卻好像被淡化般，從不曾被大家刻意提起，也讓許多人對這位偉大的工程師了解不多，甚至完全沒聽有過。關於八田與一的生平事蹟，在其官網 www.siraya-nsa.gov.tw/hatta 都有詳盡的介紹。網站以繁體中文、簡體中文、日文與英文呈現，輔以老照片對照的方式描述其故事，內容網羅八田與一在臺灣的工程成就、家庭生活、生平小故事，字裡行間不難深刻體會他留給世人的無國界之愛。

烏山頭風景區內的天壇，外型仿中國北京天壇，約其 1／6 的縮影。

於拍板通過。烏山頭水庫完工時，曾是世界第三大的水壩，也讓嘉南平原的稻米收成，由一年 1 收增加為一年 3 收的良田。

八田與一生於 1886 年，是日本石川縣人。24 歲從東京帝國大學土木工學部畢業後來臺工作，並參與多項水利工程的建設與規畫。烏山頭水庫不同於其他水庫以大量水泥做為壩體，其水泥使用量僅為一般水庫的萬分之 5，主要利用水的壓力將鵝卵石、沙礫、細沙、黏土均勻分配並夯實，此一工法稱為「半水成式工法」，美國《土木學術會誌》還曾介紹過，並稱之為「八田水壩」。西拉雅國家風景區解說志工王依華說，成功的工程僅代表其事業的偉大成就，

但從長輩流傳下來關於八田與一的許多故事，卻是對其人格的無限景仰。像是水壩興建期間，他和工人穿一樣的衣服、喝一樣的髒水；每當警察來抓賭博，八田與一就會連忙阻止：「這些工人的薪水都被太太拿走了，賭錢只是純娛樂。」他的名言是「我們在這裡蓋水庫，就是有緣來交朋友。」所以在他眼裡，沒有日本人和臺灣人的分別。歷經 10 年，烏山頭水庫於 1930 年完工，八田與一親自寫了篇依殉職順序、而非依國籍區分的悼念文，將 134 位幕後英雄一一列名。

然而珍珠港事件爆發，美國宣布參戰，1942 年，日本政府派八田與一前往菲律賓支援，其所搭乘的大洋丸號，卻在東海遭美軍擊沉，享年 57 歲。哲人日已遠，典型在夙昔，對於八田與一人格的崇敬感佩，不會因國界而有所差別。

八田與一紀念園區

真心感謝有你

1920 年，烏山頭水庫的嘉南大圳水利工程動工，安頓工程人員的宿舍區也於此時同步興建，並在一年內蓋出 68 棟超過 200 戶居民可居住的房舍。那時的嘉南里仍是個瘧疾盛行之地，但八田與一帶著家人入住，照顧員工也照顧眷屬。他說，工作與家人兼顧，才不會分心，才會有好的工程品質。而當時的宿舍區，就是現在的八田與一紀念園區。

歷經歲月摧殘，原本這個位於烏山頭水庫的宿舍區早已荒廢，多數房舍甚至倒塌或殘破不堪。打造成為紀念園區後，也僅修復 4 棟高級工程人員的宿舍，其中一棟即為八田與一曾居住的地方。為了恢復宿舍舊觀，整修單位特別到八田與一的出生地日本石川縣金澤市考據，並依多方蒐集的老照片一點一滴拼湊，才完成現今的模樣。

4 棟房舍，或為兩戶共用的雙併式住宅、或為獨棟純日式住宅，只有八田與一的宿舍外型特別不同，日式屋舍旁多了一個仿西式的書房，是他兼作辦公室使用的地方，有獨立的出入口，避免深夜洽公進出影響家人的作息。書房是八田與一所設計的，他曾在西方國家生活一段時間，或許也因為這段經驗，不僅影響他的建築，也影響他對人權的看法。

📇info

八田與一紀念園區
· 地址：臺南市官田區嘉南里 68-2 號
· 電話：（06）698-2103

1942 年赴菲律賓途中遭美軍襲擊卻幸運逃生的人事後回憶，當時聽到船上傳來日本國歌的歌聲，來不及搭上救生艇離開的這群人，就這樣壯烈的走向生命的盡頭。八田與一的遺體在沉船後一個月才被

日式宿舍內的擺設。

依傳統工法修建，重現昔日的日式宿舍群。

八田與一紀念園區除了表達對嘉南大圳之父崇高的緬懷，也是一處絕佳的參訪景點。

漁民發現，面目全非，僅靠著他身上的錢包和名片得以辨認其身分，於是家人決定將他的骨灰葬在奉獻10年的臺灣烏山頭水庫。

八田與一的夫人外代樹嫁給他時年僅16歲，比八田與一小了15歲。外代樹嫁到臺灣後就不曾再回去日本，期間更承受了3年的喪夫之痛，最後，她於1945年在烏山頭水庫送水口跳水自盡，享年45歲。嘉南農田水利會將她的骨灰部分送回日本，部分留在烏山頭水庫，和八田與一合葬。

此外，八田與一的銅像也有一段故事。二戰末期，日本政府資源潰決，民間的銅鐵金屬幾乎都被徵收製成武器，八田與一的銅像也面臨被熔掉做成砲彈的命運。幸好有人不捨，將它從載運的火車上偷走，但銅像便從此失蹤。後來雖政權轉換，但國民政府執政初期，也沒人敢讓銅像曝光，直到時局安定，1981年才得以重見天日。

至於之前的銅像到底被藏在哪裡？有人說是藏在官田火車站的倉庫內，也有人說是藏在嘉南農田水利會的倉庫中，但無論如何，這尊銅像是八田與一在世時就已雕塑完成，低頭沉思的樣貌，最符合他給人的沉穩印象。

赤山龍湖巖

觀音選中的靈地

擁有 300 多年歷史的赤山龍湖巖,是六甲頗負盛名的古剎,緊鄰八田與一紀念園區宿舍區。

據傳,1662 年(清康熙元年),一尊形似觀音的青砥石,由南海普陀山漂流過來,村民欲迎回奉祀,但載運的牛車行至此地卻無法動彈,於是奉觀音聖意,入祀修行人所建的草堂茅屋。之後鄭成功參軍陳永華聽聞晨鐘暮鼓而來,見此地景致靈秀,堪輿稱其為佛門聖地「龍蝦公出港穴」,於是在此建廟奉祀。後經多次整建,目前大致仍維持 1973 年的規模。

info

赤山龍湖巖

· 地址:臺南市六甲區龍湖里珊瑚路 198 巷 1 號
· 電話:(06)698-2205

3 面環水的赤山龍湖巖如同一座陸連島,需沿曲折湖岸走一段路才能窺得全貌。四進建築為傳統中式寺廟與日治時期後仿巴洛克式的混搭建築,因興建時間有所差異,因而呈現不同年代的風貌。廟前湖面晴時波光粼粼、雨時霧氣迷濛,為湖面帶來多變樣貌,因而有「龍湖八景」的美名。

為感念菩薩守護赤山堡,每年農曆 2 月 19 日觀音聖誕前後,各村莊會輪流前來恭迎觀音回村看戲,也成為數百年來不曾間斷的傳統。據說八田與一當時也常偕同夫人來此祭拜,祈求工程順利、人員平安。

赤山龍湖巖背山面湖,是風景優美的觀光景點。

六甲媽祖廟

心靈與口腹雙重滿足

坐落於臺南六甲區的媽祖廟，又名「恒安宮」，傳說也是鄭成功參軍陳永華所興建的。當時鄭成功率兵來臺攻打荷蘭人，差點因大霧而全軍覆沒，在此危急時刻，濃霧中出現一盞燈火，鄭成功軍隊跟著指引，終於脫離險境。為了感念隨船媽祖顯靈，因而於 1661 年（明朝永曆 15 年）建廟奉祀，由此推算，六甲媽祖廟在此地已有超過 300 年的歷史。

位於六甲區的媽祖廟，一直是當地的信仰中心。三疊重簷、黃瓦覆頂，頗見宮殿氣勢；指向天空的燕尾、屋脊、各層屋頂皆為多彩雕刻、剪黏、泥塑，裝飾極為繁複。

不過，礙於腹地不大，擴張有限，使得如此講究的建築，只能擠身坐落在林立的民宅之間，雖氣勢稍減，但更多了些親民的韻味。每年農曆 3 月的媽祖聖誕，是六甲

恒安宮雖然沒有一般寺廟的寬敞，但卻有其他寺廟所沒有的豪華三層屋頂式樣。

info

媽祖廟口冰
· 地址：臺南市六甲區六甲里 28 號

進祿飲食店
· 地址：臺南市六甲區仁愛街 29 號
· 電話：（06）698-0392

最為熱鬧的時候，信眾川流不息，趕著前來感謝媽祖長年的護佑。

現今的媽祖廟經過無數次的整建，早已看不出原本古老的樣貌；媽祖廟附近的幾間店家，雖少了「老」味道，卻也都經營了將近一個世紀，而廟埕賣剉冰的攤子就是其中之一。

小攤販雖不起眼，但這可是六甲遠近馳名的老店，不時還有遊覽車載著遊客前來吃冰，生意興隆，假日甚至可以賣到一千碗剉冰。當然，好生意不僅靠名氣，實在的手工配料，才是這家老店屹立不搖的主因，愛玉、綠豆、紅豆、粉圓等，全都是店家自製且用炭火大灶熬煮而成，獨具古早味。

一碗剉冰，櫃裡的各式配料皆可隨意加添，但無論加了什麼，別忘了外加一匙「麵茶」，才能嘗到此店最大的特色與精華。以白芝麻加上麵粉在大鍋裡炒約 2 小時的麵茶，得不停攪拌才能避免焦味，非常耗時費工。店家每日清晨 5 點就得開始各項準備工作，7 點開始營業，迎接一大清早吃冰的客人，傍晚則約 5、6 點收攤。

進祿飲食店，則是媽祖廟前的另一家百年老店，雖然沒有懸掛招牌，但只要站在廟埕向四方探望，就會發現這家客人絡繹不絕的粿仔湯老店。新穎的白鐵攤子上，寫著切仔麵、米糕、排骨酥等菜單，而其切仔麵與粿仔的基本配料有豬肉、魷魚、蚵仔，上桌前店家會再淋上一匙肉燥，成為許多離鄉遊子魂牽夢繫的思念美味。

小菜則都是手工特製，其中類似香腸的「QQ 粉腸」，就是這裡必點的熱門小菜。進祿飲食店從早上 6 點賣到下午 1 點，晚來的客人可就吃不到了。

1912 年開業至今的廟口剉冰，麵茶的古早味令人懷念。

廟旁的粿仔湯老店，是六甲人最愛的早餐之一。

蘇福山打鐵鋪 📍

堅守爐火到最後

「我要做到不能做為止！」現年80歲的蘇福山説。而這家百年打鐵鋪接下來的命運又將如何呢？

「這行賺的已經不夠吃了，」蘇福山説。孫子雖然曾嘗試接手，但不能對抗的現實卻是工廠的量化生產，以及大陸進口農具以低價搶食這個已經小到不能再小的市場。這是六甲境內唯一僅存打鐵鋪的困境。

蘇福山打鐵鋪，位於六甲媽祖廟旁，沒有招牌，僅以木板在傳統矮屋前隔起工作空間，陳舊且隱蔽，若沒有磨刀聲、沒有打鐵聲的指引，即使在店前來回走上3次，仍會不知它的存在。

蘇福山從父親手上接下這間打鐵鋪。小學畢業後，13、14歲踏入這行，當時的臺灣還是個農業社會，他和弟弟一起經營，還另外雇用了2～3名師傅，可説是打鐵業最風光的時候。

父親93歲過世、弟弟58歲那年也走了，這間走過了一個世紀

📷 info

蘇福山打鐵鋪
· 地址：臺南市六甲區仁愛街19號

的打鐵鋪，現在只剩鐵匠一人，而原本從早到晚的鏗鏘打鐵聲，現在一個星期也難得聽聞一次。生鐵在炭火堆中燒得通紅，蘇福山拿起鐵鎚，使盡全身力氣敲打塑形，激起的火花四射，如同仙女棒上飛舞而出的耀眼星火，有一種帶著剛性的夢幻。

指著老照片，蘇福山説，這樣的場景讓這名攝影師贏得比賽首獎。雖曾有許多記者與攝影師，前來拍攝蘇福山的工作情況，使得這個夕陽工藝有文字、影像得以留存，但打鐵的技藝，卻恐怕僅止於這一代。

坐在板凳上，蘇福山聽著收音機消磨時間，客人上門，他隨手關

蘇福山承守百年打鐵鋪。

鋪裡擺放各式長短不一的鐵條。

機準備開始勞動，客人一來就是2、3個，但這幾年來的客人，大多只是修理農具而已。蘇福山動手將刀片磨利，不消5分鐘，收費僅20、30元的服務；磨損較嚴重的，則需生起灶火融掉再製，但卻只能先放著，等到待修理的數量足夠了再一起處理，蘇福山說，如果不這樣做，連起火燒炭的成本都不夠。

一甲子歲月的磨練，以經驗掌控火候，蘇福山揮汗打出的鐮刀、筍刀、鋤頭……，比起用科學儀器產製的工具還要耐用、順手。只是，在傳產式微的今日，還有多少人還需要這樣的器具？

打鐵鋪中古老的鼓風爐及琳瑯滿目的工具，似乎訴說著過往歲月的光榮。

菱角之鄉官田 📍

秋高氣爽採紅菱

每到菱角採收期，菱農划著小舟穿梭菱田的畫面，成了新南瀛八景「菱香舟影」；而以菱田為生的水雉，則因天然棲地遭破壞，使得緊實強健的菱葉成為牠們的唯一選擇，雖一度瀕危剩下不到 50 隻，但經過積極保育，目前已有近 10 倍的成長。

官田之名源於明鄭時期的「官佃」，是臺灣最大的菱角產地，種植面積超過 400 公頃，與稻子輪種，所以稻子收割後，就是菱角種植之時。其採收時間約為 9～11 月，每逢此時，菱農就會頭戴斗笠

新鮮菱角蒸煮過後，吃起來口感鬆軟香甜。

蹲在菱角田裡採菱，只有水深的池子才會乘坐小舟採收。乾隆年間所建設的葫蘆埤，現已成為自然生態休閒公園，可以飽覽菱田風光。此外，每年 10 月左右還有官田菱角節在此熱鬧登場。

★★ 凌波仙子水雉

水雉喜愛活動在有浮葉植物的水澤地區，而在臺灣，水雉則常棲息在菱角田間，因此也有「菱角鳥」的稱號。由於水雉體態優雅，尤其繁殖季時，羽毛顏色會變得亮麗鮮豔，且在水面行走或飛翔時，長尾羽飄逸美麗，所以也有「凌波仙子」的美稱。在臺南市水雉生態教育園區，不僅提供瀕危水雉的安全庇護，也有許多鳥類在此棲息，尤其每年冬天候鳥過境更是熱鬧。

有「菱角之鄉」美稱的官田，每逢秋季就是農人採收菱角的時節。

林鳳營車站 📍

佇立百年優雅依舊

臺南市有很多「ＸＸ營」的地名，這些其實都是明鄭時期軍隊屯紮所留下的舊地名，而林鳳營，據傳就是林鳳將軍的駐軍之處。他在驅逐荷蘭人的戰役中英勇陣亡，為了紀念他，鄭成功於是下令將其開墾過的地方，命名為「林鳳營」。

受廣告影響，也許你會認為林鳳營是個牧場，但其實這個地方的行政劃分屬於六甲地區，且此地的酪農業並沒有想像中有那麼大的規模，倒是這個被列為歷史古蹟的小火車站，很有其代表性。

林鳳營車站是棟黑瓦白牆的日式木造車站，建於 1933 年日治時期的昭和年間。半個世紀前的老照片和現在的差別，只在於現今的車站前面停滿了摩托車，但車站整體無論外觀或內部，則一直維持著古典優雅的設計送往迎來。

其實，臺南市境內共有 3 座鐵道迷不能錯過的老車站，林鳳營車站就是其中之一，另外兩座分別為後壁和保安車站。而因為建築幾乎一模一樣，所以後壁車站和林鳳營車站又有「雙胞胎」之稱。

為了對抗白蟻啃食廊柱，又得防著外牆基角的裂縫擴大，維護林鳳營車站這個歷史建築的原貌，

林鳳營車站的最大特色就是其 Y 字形的支撐樑柱。

林鳳營車站內的長條木造座椅，讓候車室別具歷史風味。

需要相當用心，才能將這座 7、80 年前，建築師所打造出的車站美感永久封存。

林鳳營車站的主體為日式四坡寄棟頂，即屋頂有 4 個坡面、屋瓦用黑色水泥瓦搭蓋，車站主體則由 3 面迴廊包圍，以洗石子做為基座，用白色木柱支撐上方屋頂。因考量支撐力道與造型美感，木柱上端還以兩條木段呈丫字形斜撐，而木柱與支撐的木段之間，還有幾段較細的木條呈直角支撐，也因此在直線、橫線的支柱中，增加了視覺上的些許變化，同時展現出車站精巧細緻的設計感。

林鳳營車站的木造建築保存良好，是鐵道迷不容錯過景點。

逍遙樂遊

歡迎來喝ㄋㄟㄋㄟ

在八翁酪農區的八老爺車站,可搭乘五分車享受不一樣的牧野風光。

info

八翁酪農專業區

· 地址：臺南市柳營區八翁里 93-139 號
· 電話：（06）622-0506

柳營、六甲地區，是臺灣南部重要的酪農區，雖然拜廣告強力放送之賜，林鳳營成為此地最知名的牧場，不過並不開放參觀，倒是相鄰的八翁酪農區，不僅鮮乳產量占全國總產量的 1／5，也有部分轉型成觀光農場，所以想要喝純淨香濃的牛乳，朝柳營出發就對了！

柳營的八翁酪農專業區設立於 1974 年，是臺灣第一個成立的酪農專業區，僅因為沒有電視廣告的宣傳，一般人並不熟悉。這個專業區包含八翁與重溪兩個里，各戶皆以圈牧式飼養牛隻，顛峰時期曾有 100 家農戶，其所飼養的牛隻數量超過 1 萬 5 千頭，形成了「牛口」比人口多好幾倍的有趣現象。

到了這個鮮乳產區，一定要體驗當天現擠、100% 的純生乳，因為不經調味的生乳，一年四季都會有不同的變化。事實上牛也像人一樣，夏天天氣熱時吃不下東西，且水喝得比較多，所以牛乳的產量不但減少，口味也變得較為稀薄。

柳營酪農區內有 2 個觀光牧場，即為八老爺與乳牛的家，經營類型相似，但八老爺仍保留原有的產乳事業，而乳牛的家則完全朝向休閒觀光產業型態發展。遊客在乳牛的家，可以餵小牛喝奶、擠牛乳，還有可愛動物區的小羊、小兔子、黃毛小鴨相伴；出生不久的小牛及麝香豬，則有走出圍欄在場區裡自由散步的特權。

其中最有趣的玩法，應該是從新營糖廠搭「五分車」到乳牛的家，這段 4.6 公里、單程約 30 分鐘的車程，沿途跨越急水溪、行經火燒店聚落，使得嘉南平原在眼前宛如一幅色彩繽紛的畫布。假日有固定班次，不需搭原班車返回，車站就設在乳牛的家園區內，是一座仿集集車站的原木建築。

「火車餐廳」則是乳牛的家的另一特色，古老的「小叮噹列車」經整修後被賦予全新任務，坐在仿古空間裡，窗外的稻田雖不會「快飛」，但春耕、秋收依四季進行的農事，仍讓人有不同的感受。列車牆上的照片，介紹著吳晉淮的生平；火車便當、鮮乳火鍋，則是這裡所提供的主要餐飲。園區裡還有不少「古老俗古」的東西，像是麵粉袋內衣褲、藥包、各種農具等，還打造了一間小小的柑仔店，讓懷舊也可以有一連串有趣的話題。

在乳牛的家觀光牧場，可以搭五分車奔馳於牧場。

鮮乳火鍋是園區的特色料理。

吳晉淮故居 📍

藏在甘蔗田中的精雕細琢

燒煤炭的老火車頭，呼呼的冒著黑煙、還會不時噴出火花，「啪！」的一聲，火花點燃了鐵道旁的蔗田，「火燒店」的地名據說就是這樣而來的。音樂界教父吳晉淮的祖厝，就在火燒店聚落。

進入這裡會先看到一塊雕刻成歌本的石碑，上頭刻著《關子嶺之戀》的曲譜，由此三岔路口轉入，經過平交道後走一小段路，就會看到吳晉淮故居，所以若沒有曲譜石碑的指路，還真不太好找到這位名人的故鄉。

1932 年完工的吳晉淮故居是間

📖info

吳晉淮故居
· 地址：臺南市柳營區火燒寮界和路 158 號
· 電話：（06）221-3597（臺南市立文化資產管理處）

傳統的閩式民宅，但因加入日治時期的建材，如：洗石子、磁磚、玻璃窗等，所以感覺比較時髦。

脊樑兩側有花鳥剪黏裝飾，增添華麗感，但最引人駐足的是屋簷下的木構件，可是特別從大陸請來匠師所呈現之傳統工藝，花籃狀的吊筒、樑與柱接連處的雀替，都以精美雕工裝飾，即使是分散屋頂重量的短柱，也雕刻成睜著一雙圓眼、瓜瓣嘴咬住通樑的瓜筒，模樣極為可愛。如此講究，呈現出過往大戶人家的住宅氣勢。

不過這裡的上半牆面，仍保留當地民宅慣用的工法，採菅芒補土，與其他地區的竹編補土牆異

咬著通樑的瓜筒，表情可愛逗趣。

八角形的花籃吊筒，雕工精緻極具藝術之美。

吳晉淮故居為一坐北朝南的閩式三合院，屋瓦採紅色仰合瓦、屋脊為高厚的工字形屋脊。

想要一訪吳晉淮故居，別忘了找曲譜石碑指路。

雕樑畫棟的故居，古樸中別具傳統之美。

曲同工，牆面雖然因此較為樸素，卻更能凸顯屋簷精雕細琢之美。

其實，這棟吳家祖厝的原始規模，應該比現在看到的更大，外圍牆、老樹、古井，都於 1980 年因為道路拓寬而遭拆除的命運，也因此，老厝任由時光流逝而逐漸傾毀、凋零，直到 2010 年官方展開整修計畫，才得以重現原貌。

吳家之所以興建這棟屋子，主要是因為 1931 年的大地震，震毀了原有的祖厝，因此，吳晉淮的大哥吳振生主張興建。當時的吳晉淮正在日本求學，長期不在家，直到 1962 年，在未取得女方家長同意下公證結婚，遂與新婚妻子一起搬回此處。而女方家長最後仍點頭同意這門婚事，才於柳營補辦了婚宴。

吳家在康熙年間渡海來臺，一直是火燒店聚落重要的開拓者，而吳晉淮對於歌壇的影響也是如此，他以一身所學為養分，灌注臺灣這片尚待開發的音樂土地。

吳晉淮在日本學習音樂，並在日本演藝圈發展，他的創作如《暗淡的月》、《關子嶺之戀》、《恰想也是你一人》等，都是當時傳唱一時，且因真實描繪時代面貌而膾炙人口的歌曲，其日語與臺語的創作歌曲估計超過 200 首。

吳晉淮在回臺後，轉型成為詞曲創作人，並負責培育新人的幕後工作，不但為臺灣歌壇注入全新的觀念，更訓練多位知名歌手。他在 1991 年過世，黃乙玲是他的最後一名學生，在此之前其門下還有郭金發、陳芬蘭、大小百合等知名歌手。

六重溪平埔文化園區

太祖五姊妹有拜有保庇

屋子中央立著一根柱子，柱上有個以竹子編成漏斗狀、插滿許多香的竹簍，像是廟裡的香爐，但非每個西拉雅部落都拿香祭拜。六重溪有 123 戶，其中 2／3 仍維持原有的宗教信仰，但家中祀壺的傳統已跟著老屋傾毀而式微，而對於祖靈的信仰表現，也僅固定於每年夜祭的那一天。不可否認，六重溪部落正面臨傳統文化的流失。

六重溪有 2 座公廨，一大一小相鄰，一路上「平埔文化園區」的指標，指的就是這 2 間草屋。草屋的外觀嶄新，從屋頂到牆面皆採用茅草與竹子等自然建材搭建，也因此保有難得的古樸風情。

比較大的公廨為祭祀太祖五姊妹，小的則是祭祀清水老君。依據西拉雅神明的地位排序，老君是所有神明的總管，地位最為崇高，只是在六重溪不知因為如何的演變，幫老君的前面加上了「清水」二字。太祖五姊妹則是六重溪獨有的祭祀，當地人說，其中排名第三的姊妹，是六重溪的神，這樣的說法與學者對於太祖五姊妹的由來，認為與鄰近 5 個部落將神明合祭的傳說相符。

📖 info

六重溪平埔文化園區
· 地址：臺南市白河區六重里六重溪 76-15 號
· 電話：（06）685-7388

公廨是平埔族祭祀祖先的地方，以茅草、竹材搭建而成。

「將軍柱」受漢文化影響，柱上漏斗狀竹編成了插香香座。

入口處的牌樓上方內置 5 個代表太祖五姊妹的甕，也象徵平埔族祖先「蓽路藍縷，以啟山林」的精神。

公廨正中央的樑柱稱為「將軍柱」，早年應該還掛著獻給太祖五姊妹的豬頭殼，但現在只剩前端編成漏斗狀、插著香的「向神座」。

祭壇上擺放著 5 組祀壺、米酒、香座；角落則放著紅色的筊、開瓶器與米酒。當地人說，這裡的夜祭於每年農曆 9 月 14 日晚上至 15 日的凌晨，是個大家都要參加的盛事，否則平常很少到公廨走動。

六重溪的祭典中斷約 50 年之久，後來才在地方人士及學者的努力下，以老人家的片段記憶做為線索，終於將失傳的 6 首牽曲拼湊出其中的 3 首，也在 1998 年恢復夜祭儀式。西拉雅族目前僅剩 5 個部落有夜祭活動，像這樣一點一滴找回失去的傳統，著實不易。

嘿，你到西拉雅打卡了嗎？

吉貝耍部落 📍

6 座公廁陰陽分界

彎頭的竹子，名為「跳橋」，其實一點也不「跳」，只因為翻譯得不好所產生的音譯。它固定在公廁之外，功能就像電影《賽德克·巴萊》中的「彩虹橋」，只要去世的親人跟著祖靈走過這條橋，就能拋開人世間的苦難，迎向另一個世界。但西拉雅族人在過橋前，要先過水淨身，這些從 17 世紀荷蘭人所留下的文字中，就能窺見西拉雅族舉辦葬禮時，喪家會以容器裝水給靈魂洗澡的奇特風俗。

西拉雅（Siraya），是平埔族群中勢力最大、人數最多的一族，生活區域在高山原住民及漢人之間的平埔，約有 7 ～ 10 族。臺南東山吉貝耍部落也屬於西拉雅族，是一支由海邊遷徙到現居地的族群。在這塊被漢人圍繞的土地上，200 年來仍堅守傳統，包括守護部落的大公廨、角頭公廨，以及傳統祭典夜祭、哮海祭，靠著一代與一代，珍惜且慎重的傳承下來，直到今天，依舊有 8 成民眾的家中還有祀壺（祭拜容器）儀式。

公廨就如同漢人的廟，一般部落只有大公廨，而吉貝耍非常難得仍保有角頭公廨，且部落內共有 6 座公廨。角頭公廨被形容成是漢人廟宇神明派駐各地的「五營」，

公廨會祭拜供品檳榔和象徵法器豬頭殼。

📑 info

吉貝耍部落導覽
想要深入了解吉貝耍部落，建議可參加付費的社區導覽行程。
· 電話：（06）623-3817

但功能不完全相似，設在陰陽交界處。而「跳橋」僅存於角頭公廨，是祖靈（神明）走的路。

一眼可以望穿的角頭公廨規模很小、也很簡單，但形制卻規定嚴格，內部分成 2 個隔間：有豬頭殼祭祀的是「阿立母」，另一間則奉祀阿立母的部下巡查神。屋外擺在香蕉葉上的檳榔，則是獻給為巡查神辦事的兵馬營。

無論是大公廨或角頭公廨裡面都沒有神像，祭壇上只有陶壺或瓷瓶，也因此西拉雅被誤認為是「拜壺民族」，但所謂的「壺」，其實就是容器。西拉雅的祖靈沒有形體，壺裡裝著的水，是人與祖靈溝

吉貝耍夜祭會在壺裡插上澤蘭，並用米酒與檳榔當祭品。

通的介質；大公廨裡的裝水陶缸，則是祖靈加持過的「向水」，可治病、消災，由此可見水對西拉雅族來説，具有多重的功能與意義。

檳榔是祭壇上不可或缺的祭品，且無論儀式大小、祭品多寡，下面一定鋪著一片香蕉葉，就像鋪上地毯一樣，讓祖靈可以舒服的享用。「澤蘭」也是祭祀中常見的植物，它有多種用途，可以是「尪姨」的法器，一般人也可將澤蘭帶在身上，如同消災解厄的平安符。而祖靈與族人的溝通得靠「尪姨」，通常由女性擔任。吉貝耍雖設有男祭司，可以替代尪姨的部分工作，卻不能取代其地位。尪姨是由祖靈指名擔任，且必須經過身體百痛的試煉，而祖靈也會到夢裡教導如何行事。但從 2001 年到現在，吉貝耍的尪姨一職仍懸缺，這對於祭典的進行多少有些影響。

夜祭‧哮海祭

緬懷祖先恩澤

深夜，牽曲的哀淒回盪空中，潤溼了觀禮者的眼眶，即使聽不懂內容，但情緒卻被莫名牽動；獻祭的豬羊被宰殺時淒厲的尖聲嘶鳴，驚醒靈魂深處的敬畏。關於西拉雅族，我們所知有限，不能僅偏頗的將焦點放在信仰與慶典，但至少必須承認，這個比漢人更早踏上臺灣這塊土地的族群，並沒有被漢化、且並未消失。

目前仍保有祭典的西拉雅部落有5個，包括東山吉貝耍、大內頭社、官田番仔田、白河六重溪、佳里北頭洋，祭典內容不盡相同、舉辦時間也不一樣，但所有的夜祭共同保有，而主軸也不離「獻豬還願」與「牽曲」兩部分。

吉貝耍的夜祭與哮海祭分別在農曆9月4日至5日舉辦。夜祭可以說是「還願祭」，古俗是獻祭的豬羊都需在現場宰殺放血，主祭的

「尪姨」則會當場喝豬血、生吃豬肝。現今有些部落仍維持傳統，但已經沒有這些血淋淋的場面。用茅草點火拍打豬體「過火」淨豬，並以白布覆蓋豬體的儀式，象徵是阿立母獨享，其他神明請勿動用。

而「牽曲」則類似酬神歌舞，以逆時針前進、後退共3步的舞步進行，吉貝耍的牽曲都是由女性擔任，吟唱數百年的古語曲調，節奏緩慢、歌聲悠悠，可能是描述7年饑荒的祈雨，或是懷念祖先庇佑的「望母調」，但現今已無人能了解其意，只能一代傳一代強記背誦。

對於吉貝耍部落來說，夜祭與哮海祭等同於漢人的農曆年，是全年最重要的節日，也是最能凝聚族人情感的日子。從9月4日深夜開始的夜祭，一直進行到隔天清晨4點左右才結束；接著9月5日下午一點左右，哮海祭開始登場。

哮海祭是遙祭祖靈的儀式，這裡所祭祀的祖靈，有一說是指7位死於海難的先人；另一說則是指西拉雅族的救命恩人「阿海」，吉貝耍人尊稱他為「海祖」。部落子民面向傳說中先人上岸的七股方向，帶來家裡的各種瓶、矸、甕、罐等祭器擺滿祭壇，鋪上白布代表迎神大道，道路兩旁則排列著獻祭的飯菜，而在點收祭品的同時，恭請祖靈看海戲的牽曲也在同時響起。

吟唱在典禮過程中是不能中斷

頭社太祖夜祭是西拉雅規模最大的夜祭。

吉貝耍族人頭戴花圈唱著牽曲，低吟對阿立母的懷念、遙拜祖先亡靈。

的，祭祀時間約一小時，祭司最後會回到祭壇前，以剖半的檳榔「擲筊」詢問祖靈是否滿意今天的祭祀過程，若擲出「聖杯」、族人也喝了加持過的「向水」，一年一度的祭典隨即就此落幕。

西拉雅的祭典帶有原始色彩，嚴肅且沉重，給人神祕的印象，但事實上，幾百年前的祭典除了慎終追遠，應該還包含慶祝豐收，是一個族人會飲酒跳舞的熱鬧聚會。也許是生活環境的改變，族人不再靠打獵與農耕為生，慶豐收的快樂歌舞消失了，目前只剩下嚴肅的宗教活動。

嘉南高爾夫球場

猴子也搶著當球僮

打球的人可能會不高興，但旁觀者就會覺得猴子好可愛。嘉南高爾夫球場內有 2 隻野生猴子，像是說好了似的各管球場內的 9 個球洞，不時與球友搶球玩，也算是動物和人類和平共處的一種模式。調皮的牠們總是猴影一閃，讓打上果嶺的球立刻不翼而飛，這種任性霸道的行為已經持續了好幾年，但場方並不打算強迫牠們離開，因為有猴子添亂也算別具特色。

嘉南高爾夫球場是保留地勢原貌闢建而成的，這裡的地形原本水塘就特別多，又有小溪貫穿球道，使得整個球場維持清新、貼近自然的原貌，而且不時還可見到綠頭鴨在球場草皮上散步，數目竟也有 100 隻之多。

球場內第 14 洞的 3 層式果嶺以及第 15 洞的腳丫子造型沙坑，特殊的地景設計，也提高了每一洞的辨識度。即使不打球，來這裡喝杯咖啡、吃個簡餐也是不錯的選擇，因為坐在面對綠油油球場的咖啡廳，可以飽覽遼闊美麗的景色。

比起婚宴中心或一般餐廳，嘉南高爾夫球場的餐廳因為場地較大，也因此成為在地人舉辦喜宴的最佳選擇，更使得高爾夫球場的功能愈來愈多元。

info

嘉南高爾夫球場

．地址：臺南市官田區社子里六雙 21 號
．電話：（06）690-0800

球場俱樂部會館的 2 樓餐廳屋頂是一斗笠造型，象徵嘉南平原以農業為主。

西拉雅國家風景區管理處

推廣鄉村旅遊新亮點

因應國人週休旅遊需求，交通部觀光局於 2005 年 11 月 26 日成立西拉雅風景區管理處，成為其轄下的第 13 個國家風景區管理處。

西拉雅國家風景區範圍包括臺南市的白河、東山、六甲、柳營，以及官田、新化、新市、善化，還有南化、左鎮、楠西、大內、山上、玉井共 14 個區，外加嘉義縣的大埔、中埔 2 個鄉，因此區仍保留西拉雅族傳統的祭典及人文史蹟，遂以「西拉雅」命名。除豐富的文化資產，區內還有青灰岩地形的草山月世界、左鎮化石遺跡、關子嶺溫泉區等特色景點，也有曾文、烏山頭、白河、尖山埤、虎頭埤等

info

西拉雅國家風景區管理處
· 地址：臺南市白河區仙草里仙草 1-1 號
· 電話：0800-580--762
· 服務時間：週一～週日 8：30 ～ 17：30

水庫，以及改造嘉南平原風貌的嘉南大圳，遂使本區從生產、生活到生態，無疑是個「水」的活圖書館。

座落於白河水庫的西拉雅國家風景區管理處遊客中心，除了提供轄區內景點的旅遊資訊與旅遊摺頁，亦提供無線上網、愛心傘借用與手機充電的貼心服務，也可代訂住宿及代客叫車，成為旅客遊玩西拉雅的最佳起點。

山光景致、溫泉名湯、在地農特產加上古蹟與文化，使得西拉雅肩負觀光發展及生態保育的重任，也因此，西拉雅國家風景區管理處期許打造業者、地方、政府的三贏局勢，以達成永續發展的目標。

西拉雅國家風景區因地處高山與平原交接處，又有溪河橫切，呈現豐富地貌。

關子嶺甕缸雞

吮指再三 回味無窮

來到關子嶺，除了泡湯之外，如果沒有吃到甕缸雞，就會讓旅程稍嫌遺憾。隨著在地美食達人來到山景土雞城，就能一嘗傳說中的人間美味——柴烤甕缸雞。

甕缸雞一上桌，服務生就會催促著要趁熱吃，以免雞皮軟掉，而趁熱咬下果真是皮脆肉嫩，令人吮指再三。店家表示，以龍眼木慢火炭烤 40 分鐘的甕缸雞，並不推薦客人外帶，因為外皮一旦變軟，美味程度也會跟著減損。

關子嶺的餐廳不少，但一路上甕缸雞、桶仔雞的招牌琳琅滿目，還有一連串讓人眼花撩亂的溪邊、新溪邊、溪山莊等名稱相似的土雞城，讓這裡的料理美食多到讓人難以抉擇。

其實，有些溫泉飯店附設餐廳的特色料理也頗受好評，例如湯泉美地就以臉盆大的砂鍋魚頭出名。若不想大魚大肉，只想單純享受一杯咖啡、一份美味簡餐，關子嶺的岩頂自然休閒坊，就是一個最好的選擇。這個從酪梨園改成咖啡園的餐廳，強調「自然、手作」概念，讓客人在綠樹的擁抱中，盡情享受美食，且每次來到這裡，都能發現那一點點的不同，而隨著主人的巧手布置，這個庭園咖啡也愈來愈細緻獨特。

關子嶺的岩頂咖啡不僅咖啡受歡迎，甕缸雞也有相當的好評。

info

山景土雞城
· 地址：臺南市白河區仙草里 62-20 號
· 電話：（06）683-2118

岩頂自然休閒坊
· 地址：臺南市白河區關嶺里 65-28 號
· 電話：（06）682-3339

小腳腿羊肉店 📍

Q 嫩誘人三層肉

　　小腳腿羊肉店，是柳營區很有名的一家羊肉店。其招牌料理「黃金腿」，是將羊腿以特製中藥包滷製 2 小時後，呈現出金黃鮮嫩的誘人口感因而得名。許多遠道而來的客人，都是衝著這道料理而來，但經常來的老顧客們，卻不會將它列為點菜首選，其一是因為分量大，所以想點這道菜人數與價格都需列入考量；再者因製作費工，得提前一天預訂，所以怕麻煩的客人就會因此跳過。

　　而這裡的清蒸三層肉，也相當受到饕客們喜愛。先用大鍋將羊肉蒸過後切片，再放入底部鋪滿蒜頭的蒸籠蒸煮，其肥、瘦比例完美，不乾不油且有咬勁，所以不用蘸醬也能嘗到羊肉的鮮甜，且和這個區域內其他店家的三層肉相比，無論視覺或味覺都有很大的差異。

　　小腳腿羊肉店所採用的羊肉，都是 10 個月到一歲的羔羊，除了取其肉質軟 Q 的優點，豐富的膠質也是為料理加分的祕訣。高湯則是帶皮、骨熬煮 2 小時所製成的，因此小腳腿的羊肉火鍋，也是老饕們的最愛。此外，這裡的羊油麵線，也是一道羊味十足的料理。

　　雖然羊有羊味、牛有牛味，不可能完全沒有味道，但可以保證的是小腳腿羊肉店的羊肉料理，絕對是大多數朋友都可以接受的口味。

清蒸三層羊肉不但沒有羊羶味且不油膩。　　分量十足的「黃金腿」是這裡的招牌。

📄 info

小腳腿羊肉店
· 地址：臺南市柳營區重溪里 21-9 號
· 電話：（06）623-0349

口福羊肉爐

乳白湯頭超鮮美

　　現在已經很難看到店家就在店門口殺雞宰羊的畫面，但口福羊肉店卻仍舊維持這個長年一貫的作業流程。老闆黃清茂原本以養羊為生，之後才開店做起羊肉爐生意，而全羊大餐則是他的招牌絕技。

　　因為湯頭呈現乳白色，所以許多客人都誤以為口福的羊肉爐鍋底必定加入了羊奶熬煮。第二代的老闆黃聖嘉澄清說：「沒有羊奶，也沒有中藥。」口福羊肉爐的湯底之所以濃郁好喝，主要是以全羊，包含皮、骨、肉及內臟一起長時間熬煮，若硬要說有「添加物」，頂多就是一些薑和少許米酒。而這鍋高湯只要開門做生意就會一直加水、加料，保持滾燙沸騰。

　　有人說羊肉「三層肉」的吃法，是口福羊肉爐第一代老闆黃清茂所發明的，無論真假，但從口福對於羊肉各部位的烹煮方式自有一套理論，就可看出其對羊肉料理的確有一定的研究。而口福的三層羊肉，只取 2 歲以下的羊腹部或前腿蒸炊而成，追求皮與肉平衡的口感，表皮 Q 彈、中層帶油但卻不膩，底層瘦肉則是嫩而不乾。羊後腿肉則是羊肉爐最佳的涮肉片，切成薄片狀，下鍋燙熟後口感軟嫩。這裡也能吃到一些特殊部位，如：羊筋、羊皮、羊腳、羊頭肉、生羊肝等，適合老饕來此嚐鮮。

info

口福羊肉爐
· 地址：臺南市六甲區中山路 120 號
· 電話：（06）698-3223

口福羊肉爐最特別的，就是顛覆以中藥為湯底的乳白色湯頭。

白河市場美食 📍

豆菜麵・草魚粥・鴨肉麵・潤餅

　　白河有什麼好吃的？土生土長的白荷陶坊主人林文嶽，一開口就是一大串：豆菜麵、草魚粥、鴨肉麵、潤餅。而且，它們都集中在白河區中山路與中正路交岔口的白河市場，讓遊客一次滿足，但一定要記得早起，因為這些小吃大多在中午前就收攤。

　　吳家豆菜麵是白河很有代表性的小吃，但卻是意想不到的簡單：豆芽菜拌油麵，再淋上蒜泥和肉燥。賣了60多年的豆菜麵現在由第三代吳建明和2個妹妹接手。所使用的油麵為扁平形麵條，是自家生產的。老闆說，豆芽菜是整碗麵

白河市場內有許多美食，讓遊客一次就能大啖傳統好味道。

嘿，你到西拉雅打卡了嗎？

的關鍵，如果燙得太爛口感會不對，所以這裡的豆芽菜鎖著水分，和Q彈油麵一起入口格外清爽。

豆菜麵的斜對面，就是有名的林家潤餅。林家潤餅最特別之處，就是以吳家豆菜麵為內餡，加上其他如：高麗菜、韭菜、蛋皮、豆腐、三層肉，最後撒上較多的糖粉，雖然和其他各地的潤餅餡料大同小異，但卻很有臺南的在地口味。

餅皮部分則是老闆用高筋麵粉加點鹽打成麵糊，放在鐵盤上像烤可麗餅一樣製作而成的；一旁的妻子則負責招呼客人，兩人仍維持著上一代的模式分工合作。

同樣在白河市場內，和吳家豆菜麵隔條巷子的張家鴨肉麵，則是間有70年歷史的老店。原本賣的是鵝肉，但因當時社會經濟條件不佳，吃鵝肉的人變少，所以改賣鴨肉。鴨肉意麵也可換成米粉或粄條，而麵湯是濃郁帶甜味的高湯，

也是煮鴨肉的精華；鴨肉則選用飼養80～85天的鴨子，洗乾淨後水煮40分鐘，肉質嫩而不柴，平均一天可賣30～50隻，生意好時，隊伍甚至排到市場外面，如果想搭配小菜，綜合內臟拼盤或是米血都是不錯的選擇。

草魚粥在公有市場旁邊的店仔口美食廣場，其實早年白河人說的市場，指得應該就是此處；而現在的市場，則是以前的山產市場。

左上：清脆爽口的吳家豆菜麵。
左下：草魚粥可選擇魚頭或魚身部分。
右上：張家鴨肉麵鴨肉鮮美，軟嫩帶有咬勁。
右下：林家潤餅餅皮彈牙、內餡豐富飽滿。

info

吳家豆菜麵
· 地址：臺南市白河區中正路4巷29號
· 電話：（06）685-5722

林家潤餅
· 地址：臺南市白河區中正路4巷36號
· 電話：（06）685-4937

張家鴨肉麵
· 地址：臺南市白河區白河市場2巷25號
· 電話：（06）685-5829

草魚粥
· 地址：臺南市白河區康樂路旁店仔口美食廣場裡

東山在地美食

鴨頭 · 肉圓 · 豆花粉圓

提到東山這個地名，相信很多人都是因為東山鴨頭而認識這裡。東山鴨頭最出名的店家就是「籃記」，而斜對面的「合記」雖然不如籃記賣得久，但也有其忠實的擁護者。

東山鴨頭的做法是先用中藥滷製4小時後進鍋油炸，被湯汁浸得甜香入味的鴨肉，油炸後鴨皮脆中帶韌，很有嚼勁。

排骨酥也是東山的熱門小吃，其中最有名的店家，就是號稱連日本天皇也曾稱讚其美味的湯皇東山排骨酥。堅持古早味工法製作，從選料、醃製、油炸到悶蒸過程扎實不馬虎。甜鹹融合濃郁蒜香的湯頭，搭配入口即化的油炸排骨，是花費9小時慢火細燉的美味。

到東山吃小吃，最幸福的就是這些名店全都集中在同一條街上，非常的方便，即使肚子裝不下，也別忘了外帶回家。就像是有些客人回到東山，就會特別到阿文肉丸外帶店內的招牌——糯米腸，打算回臺北後冰在冷凍庫裡慢慢品嘗。

其實市面上有很多用假腸衣灌製的糯米腸，但真正用豬大腸灌製的糯米腸粗細不一、顏色較深且不透明；此外，內部米飯的嚼勁也很重要，太軟或太硬都不合格，而分量還要塞得恰到好處，否則切開後散落就不算完美。最後再蘸上蒜泥與南部獨有的醬油膏，真是美味又絕配！阿文肉丸的糯米腸，每天的供應量由豬販決定，一天僅約

籃記東山鴨頭美味可口。

合記東山鴨頭的獨門滷汁令人吮指。

湯皇排骨酥肉質甜美入口即化。

阿文肉丸的糯米腸內餡飽滿扎實有嚼勁。

張家肉圓 Q 勁十足令人回味再三。

60 ～ 70 斤可賣，且每週一豬肉販公休，糯米腸也會跟著停售。

另一家到東山必吃的小吃，就是經營了 50 年的張家肉圓。由於肉圓的製作相當費工，所以張家動員了 7 ～ 8 人加入生產線，連第二代的阿公張景欽到現在也還在做。

考慮豬後腿肉質過硬，張家肉圓的內餡，特別選用豬前腿的瘦肉，外表以在來米磨成的米漿製作，醬料也很講究，用糯米磨成粉後攪拌 4 小時才能完成。東山的肉圓皆以豬油油炸，但內餡卻不包筍子。張景欽說，這是因為東山人自己種筍子吃到怕，所以不包入餡。

飽餐一頓後，總要來個冰品或冷飲，才能為美食之旅畫下完美的句點。建議在東山同一條街上的日喜粉圓豆花坊，是最好的選擇。同樣擁有 50 多年的歷史，因為曾祖父時代就是以賣粉圓為生，所以後來開冰店，店內的招牌當然就是粉圓冰。堅持用紅番薯製作的手工粉圓 Q 彈滑嫩，非常受到大家的喜愛。而這裡的豆花夏天冬天都不一樣：冬天是古早味的傳統豆花；夏天則是加了洋菜，做成比較適合冰品的清爽口感。

info

籃記東山鴨頭
· 地址：臺南市東山區中興路 11 號
· 電話：（06）680-2856

合記東山鴨頭
· 地址：臺南市東山區中興路 24 號
· 電話：（06）680-2032

阿文肉丸
· 地址：臺南市東山區中興路 54 號
· 電話：（06）680-0480

張家肉圓
· 地址：臺南市東山區中興路 91 號
· 電話：（06）680-0709

日喜粉圓豆花坊
· 地址：臺南市東山區中興路 106 號
· 電話：（06）680-0324

湯皇東山排骨酥
· 地址：臺南市東山區中興路 100 號
· 電話：（06）680-2859

關子嶺特色溫泉民宿

以新帶舊以舊還新

「坐在陽台就能欣賞滿天星斗，雖然已經過了 10 餘年，但美麗的畫面仍歷歷在目……。」西拉雅國家風景區管理處的解說志工王依華，回憶起當年投宿東皇旅社的難忘經驗。可惜這棟白綠相間的優雅日式旅店，現在已經改建成嶺頂公園的停車場，使得這裡的日式建築，只剩關子嶺大旅社獨撐大局。

作曲家吳晉淮當年所投宿的，就是興建於 1919 年的關子嶺大旅社。直到現在，無論外觀或是內部的日式通鋪房，幾乎仍維持早年的模樣，也使得這間百年老店，依然散發著懷舊古樸的風韻。

關子嶺溫泉區內共有 29 家溫泉旅店，新加入的業者再加上原有業者的整修、改建，使得整體住宿品質已有大幅的改善，無論是英式莊園、日式禪風、北歐極簡風格，或是有 30 年歷史的臺式 2 層樓洋房，皆各有其特色。

雖然古老的日式建築，一棟棟的被毀壞、拆除，讓人遺憾也不捨，但關子嶺滿天的璀璨星斗卻並未消減，在新式旅館的陽台一樣可擁有美好的回憶，只是，百年建築所鋪陳的懷舊況味，似乎總給人更多的感動。

整體來說，這裡住宿的平日房價約 2 ～ 3 千元左右，裝潢較講究的則要 4 ～ 5 千元，其中也不乏一夜近萬元的住宿旅店。

外觀仍維持日式原貌的關子嶺大旅社已有百年歷史。

綠意濃密遊湖醉

1993 年，江南渡假村開幕前夕，附近一位國小老師提著油漆桶走進尖山埤，自顧自地說，「真的有座觀音像耶！」語畢，接著動手為觀音上漆。他告訴園方，觀音託夢給他，因為這裡要開幕了臉黑黑的不好看，希望老師幫忙重新粉刷。

尖山埤水庫的興建工程起初並不順利，後來工程人員以廢棄鐵軌做為骨架，外表以甘蔗渣灰塗裝，立起這座觀音像後，工程才得以順利進行。蔗渣觀音守護水庫 70 多年，爾後繼續守護度假村。

尖山埤水庫為台糖的產業，後期轉型朝休閒觀光產業發展。園區內設施豐富，是定點度假的不錯選

📖 info

尖山埤江南渡假村
· 地址：臺南市柳營區旭山里 60 號
· 電話：（06）623-3888

擇。「尖山煙雨」是這裡的代表景觀，湖面氤氳，彷彿蒙上一層薄紗般十分醉人，建議也可乘坐畫舫遊湖，飽覽山水風光。坐落於湖面上的醉月小樓，則是頂級的住宿客房，無論坐在客廳或泡在浴池裡，都是欣賞湖景的最佳貴賓席。

占地廣大的園區遍植花木，在綠意掩映的園區內散步身心俱暢。這裡也有適合年輕人的活動，如：露營、漆彈等，設施多元豐富。

餐飲兼具地方特色與創意，像是啤酒香腸、糖燻黃金蛋、豆菜麵等，而摘自園區內野薑花所料理而成的海鮮清湯，海鮮的鮮甜伴著濃郁的花香，縈繞腦海久久不散。

位於湖面上的住宿區醉月小樓，一開窗就能飽覽湖光山色。

南元花園休閒農場

奇花異卉四季情

　　這一季開了什麼花？到南元花園休閒農場，不但讓你不怕看不到，而且還會讓您無法一次欣賞所有的奇花異卉，因此建議入園時先做詢問，依時節規畫遊園路線，才能飽覽自己喜歡的花卉。

　　這裡最大規模種植的花卉就屬鬱金香；每年初春的茶花，也是砸下千萬重金悉心照顧近 10 年後，才有的成果。園區內還有春天而非秋天出現的楓紅，以及杜鵑花道、櫻花、蘭花，還有許多名稱有趣的奇花異卉，如：嘉寶果、米老鼠樹、長得像象腳的猢猻木等，讓你一次飽覽繽紛色彩、陶醉甜美花香。

　　南元花園休閒農場近期還打造

出一個縮小版的九寨溝，30 公頃的園區土地內，種植了 20 萬株樹木、2 千多種的植物，同樣讓人驚嘆連連。而這裡的住宿區前方，是條綠意盎然的茄苳隧道，小木屋則是蓋在湖面上，延伸出來的原

木上方生長著各式蕨類，讓旅客擁有置身森林的氛圍。這個小湖同時也是個水上高爾夫球場，湖中央有個巨大、高爾夫球形狀般的果嶺，不時還能見到鴨鵝登上休息，模樣十分逗趣。

位於森林裡的湖上原木屋，不但能享受芬多精的洗滌，還能欣賞波光粼粼的美景。

info

南元花園休閒農場
· 地址：臺南市柳營區果毅里南湖 25 號
· 電話：（06）699-0726

仙湖休閒農場

雲海如湖居仙島

名叫旺旺、小饅頭的 2 隻小豬，加上叫做小百合與「飄撇」的狗兒，在整個園區逛來逛去，彷彿住在神仙境地，每天在廣達 52 公頃的園區愜意散步。

仙湖休閒農場位在山巔，山雖不高僅 300 公尺，但因地理環境特殊，四周經常雲霧繚繞，使得農場好似湖中之島，因而得名。

除了賞景、看夕陽、看雲海，園區還有另一賣點，就是有座 40 年歷史的龍眼乾烘焙寮。黃上寮得找老師傅才能維修，但烘焙出的龍眼乾有著柴燒香、也較有水分，且口感特別。然而龍眼乾每 2～3 小時就要翻攪一次，半夜也不能停工，堅持傳統工法非常辛苦。

自從第二代吳侃薔這對年輕夫

info

仙湖休閒農場
・地址：臺南市東山區南勢里賀老寮 6-2 號
・電話：（06）686-3635

妻接手後，已有 20 年歷史的仙湖休閒農場有了明顯的改變，包含菜單、住宿、經營理念，一點一滴慢慢轉型，更符合現代市場的需求。

仙湖休閒農場已有 20 年的歷史。

農場內的度假小木屋能讓遊客盡享優閒。

永安高爾夫鄉村渡假俱樂部

設計大師在臺灣的唯一作品

　　無論你打不打球，永安高爾夫渡假俱樂部都是必訪的聖殿。這座高球場的設計者是 Pete Dye，他被譽為「過去 50 年來對美國最有影響力的球場設計師」，且 2008 年，Pete Dye 更進入世界高爾夫名人堂。事實上，他的幾名家庭成員在高爾夫球界也都頗負盛名，而永安高爾夫渡假俱樂部，就是他和長子 Perry Dye 在臺灣的唯一作品。

　　這個高球場占地 108 公頃，球場共 27 洞分成 3 個球道，初學者建議可以從黃金球道開始，接著挑戰依國際標準整修而成的青山球道；而碼數最長、水塘障礙最多的綠水球道，則是最折磨球友、也是挑戰技術的球道。

　　蘇格蘭風格裝潢的球場會館，以全方位的度假中心做為設計，提供餐飲、喜宴、會議等服務，也提供遊客住宿。規畫行程時，若能安排在此住上一晚，也是個不錯的選擇，因為落地窗外就是大片的球場綠地，頗有放鬆心情的效果。

永安高爾夫球場是南臺灣唯一擁有白沙坑及快速果嶺的高球場地。

info

永安高爾夫鄉村渡假俱樂部
・地址：臺南市東山區東原里斑芝花坑 39 號
・電話：（06）686-2208

這裡提供的住宿服務也是遊客不錯的選擇。

千霞園

六重溪泡湯僅此一泉

如果自家院子裡冒出溫泉，且這一大片區域內只有這一泉，這種情況想必並不多見，而六重溪的千霞園，就擁有這樣的地利優勢。

臺南第一張的民宿溫泉標章，就是發給六重溪的千霞園。雖然從這裡走完 3 公里跨過另一個山頭，就能到達關子嶺的水火同源，但兩地的泉質卻完全不同。千霞園經專家鑑定為碳酸氫鈉泉，一天的湧泉量大約 80 噸，且因為供過於求，所以住在這裡晚上都能聽到潺潺流水聲，那可不是溪水，而是溫泉流動的聲音。

info

千霞園
・地址：臺南市白河區六溪里六重溪 123 號
・電話：（06）684-2123

為了讓遊客能好好享受溫泉，千霞園的每個房間，都附有 2 人可一起泡澡的大浴池。由於千霞園主人一家人茹素，因此餐飲只提供素菜。蔬菜則是阿公與阿嬤自己栽種，且對於地力的維持也自有一套哲學。除非夏季蔬菜產量不夠時，才會跟附近的小農購買，否則全部自給自足。

千霞園的養生藥膳火鍋，一次就能吃到 10 多種青蔬，且講究五行搭配。擔任主廚的老闆娘手藝很好，且不必擔心農藥的殘留、也不用擔心口味不佳，因為主人堅持：不好的東西不會給家人吃，當然也就不會讓客人吃。

千霞園的溫泉係屬六重溪溫泉的源頭，日治時期曾有權貴人士居住於此。

聽風賞月 白河很美

◉ 林文嶽

藝術家林文嶽，最早參與白河蓮花季的原因，是為了擺攤賣畫。17 年下來，林文嶽從賣字畫變成美學推展藝術家，他用動人作品、懇切言語、創新想法，為賞蓮注入全然不同的角度，讓旅客除了蓮花之外，也能欣賞被忽略的白河鄉村之美。

林文嶽談起有回北上，一走出臺北捷運萬華站就看見 3 位遊民，他們眼神空洞、沒有未來也沒有過去，無所依靠的模樣令人憐憫。林文嶽說，農村裡不會有遊民，失業的遊子總能時時回歸親人的溫暖懷抱，因為對家人來說，差別之處只不過就多雙筷子而已，而這就是鄉村僅有的一種母性包容力。都市是個亮點，但農村卻是底板的基礎，只有底層的基礎夠厚實，才能拍打出洶湧的美麗浪花。

「淡茶一碗倚闌干」這幅掛在畫室的字畫，道盡林文嶽的淡雅生活，自在也享受。

林文嶽說，白河很美，稻田、雨後的山巒、雲瀑，自然語言豐富、表情多變。他的畫室幾乎沒有牆壁阻隔，大片的落地窗攬入所有的風景，聽風、賞月生活愜意，美麗的景致讓人忘了這裡不過是間加蓋成 2 層樓的鐵皮屋。但住在白河、住在鄉間的人何其多，又有多少人懂得欣賞大地所賜予的珍貴禮物？我們老是討論著生活過得好與壞，但這其實並不是運氣問題，而是一種自己可以選擇的態度而已。

林文嶽

現職：白荷陶坊負責人、監獄陶藝教誨師

經歷：白河蓮花季召集人

著作：《李世逸先生剪黏藝術》、《白河陶、荷染技能傳習手冊》

段洪坤

現職：臺南西拉雅族部落發展
　　　促進會理事長、Kabua
　　　Sua 文史工作室

著作：《東山鄉志 —— 西拉雅
　　　宗教信仰篇、地理篇》、
　　　《西拉雅遺珠》、《台
　　　南區平埔聚落現況調
　　　查》等

在地分享

包容尊重不同文化的西拉雅

段洪坤

吉貝耍部落，至今仍生活在祖先所傳承下來的西拉雅文化中。曾以為他們的堅持一路不變，但其實在這段守護過程中，族人一度對自己的血緣感到羞恥、害怕被歧視，因為日治時期的戶籍造冊，將平埔與高山原住民登記為「熟番」與「生番」，使得「番」字充滿日本人與漢人的輕蔑。然而長輩掩飾了一輩子的血統祕密，卻因為段洪坤的正名運動而被公開揭露，其族人的憤怒可想而知。

文字是中性的，情緒卻是人們所賦予的，其實，當自己以當「番」為樂，別人又怎能汙辱你的血緣？所幸這場衝突過後，族裡長輩逐漸認同段洪坤的想法，也因此，我們才有機會一窺幾乎消失的西拉雅族群，以及其所保留包含實體建築與人文的珍貴遺產。

段洪坤以母語代表最低階男祭司的「Alak」為名，期許自己保有赤子之心。他說，阿公過世後，繼位的伯父不久也往生，某次無意間發現承襲神職的信物「螺辟」，才知道原來阿公在世時，就已經決定要轉交給他，但家人卻忘了這件事，於是成為 Alak 就像命中注定。

西拉雅族的擲筊，有人說是學漢人的習俗。但段洪坤認為，平埔族也有以獸骨占卜問神的習慣，而吉貝耍至今仍保有以剖半檳榔代替獸骨的擲筊。文化的演變過程本來就有相似之處，但重要的是要能妥善傳承，且以開放的心胸接受多元文化，那才是最珍貴的寶藏。

泡湯健行 關子嶺慢慢遊

胡博雄

胡博雄

現職：關嶺社區發展協會監事、
臺南市溫泉協會總幹
事、關子嶺明園溫泉別
莊負責人

經歷：臺南縣政府觀光旅遊處
風景區管理所關子嶺專
案經理人

胡博雄的爺爺曾是議員，現在僅存的百年日式旅館——關子嶺大旅社，曾經是胡家的產業。旅社賣掉後，為應付絡繹不絕的來訪朋友，於是又將自宅改為溫泉旅館。這棟臺式風格的2層樓洋房明園溫泉別莊，目前由胡博雄經營，他也曾是臺南市溫泉協會總幹事。在國外求學工作的他，繞了地球一圈，又回到故鄉關子嶺。

胡博雄出生於關子嶺，在溫泉、地熱的環境中長大。關子嶺人坐擁令人羨慕的天然資源，因為直到現在，包含胡家在內的老關子嶺人，不但有溫泉可洗、還有地熱可以使用，烘衣服、燒水省了不少瓦斯費。

關子嶺區內有個漂亮的別墅區，名為明清別莊，據說雲、嘉、南的富有人家，都在此地擁有一戶別墅。平民老百姓雖然買不起，但這裡的飯店選擇多樣，因此花些小錢住上一晚，同樣可以享受與有錢人一樣的美景與美湯。

胡博雄建議，來關子嶺遊玩行程安排不要太趕，因為慢慢欣賞才能看見它的美、才能貼近居民的生活。除了溫泉區，喜歡登山的朋友也可選擇紅葉公園接大棟山的步道，來趟山林健行之旅；或是從仙公廟旁邊的崁頭山步道，順遊至東山咖啡公路找間喜歡的咖啡廳，享受難得的優閒時光。夏日則建議可搭配蓮花季來趟白河蓮花遊，讓行程更加精采豐富。

到東山 別忘了喝杯咖啡

賴建良

在地分享

賴建良

- 現職：T2 COFFEE 民宿經營者
- 經歷：東山咖啡產業發展協會總幹事，多項社區營造、農村再生活化及體驗計畫主持人

賴建良從行動咖啡起家，T2 行動咖啡車是他的正字標記。學的是環保工程，原本是間科技公司的環保工程師，為了照顧年邁的雙親，他決定放棄百萬年薪與都會五光十色的生活，回到家鄉從零開始打拚。

整理父親龍眼園裡的老房子，將之改以民宿、咖啡廳的方式經營，於是 T2 COFFEE 民宿通過申請，成為東山區第一家的合法民宿，也讓原本的行動咖啡車，有了固定停靠站。當初買下 T2 車做生意時，賴媽媽嫌車子太過老舊極為反對，但賴建良認為，行動咖啡車一定要有特色的造型才容易吸引目光，也因此他在大型活動中擺攤，每每成為吸睛的焦點。

也許是工程師的背景使然，賴建良做任何事都講究實事求是，所以來源、脈絡、結果會說得清清楚楚，煮咖啡是如此、談起東山咖啡也是如此。加上曾擔任東山咖啡產業發展協進會總幹事，因此旅客若想了解東山咖啡產業的起源與發展，或是如何煮出一杯好咖啡，賴建良都是位很棒的諮詢對象。

賴建良煮的咖啡帶有微酸的果香，雖然酸度會隨著溫度降低而增加，但喝完後喉頭竟湧現甘甜滋味，是種讓人驚喜的多層次口感。可惜一樣的咖啡豆，自己動手煮卻無法重現那種感動，再次驗證咖啡真是一門高深的學問！

來關子嶺感受日式風情的韻味

📍 王依華

王依華

現職：西拉雅國家風景區管理
處解說志工

經歷：國小教師、食品公司經
營者

王依華解說時有個習慣，那就是每到一個段落她就會來個現場搶答，只要遊客答對了，她就將隨身帶著的手作貓頭鷹、天鵝等小玩意兒送出，這些都是她撿拾種子自製而成的手工藝品，樸拙卻用心十足，而她也希望藉此提醒大家環境保護的重要。

細細描述著八田與一的生平事跡、解說著紀念園區的建園故事、介紹著柳營出身的吳晉淮在臺語歌壇的貢獻，以及那一曲將吳晉淮與關子嶺連結的《關子嶺之戀》。提到關子嶺，王依華有她的感嘆，因為被拆除的東皇旅社，在她的記憶裡是個多麼美好的畫面，而曾是關子嶺唯一3層樓日式檜木建築的清秀旅社，也因為結構問題面臨被拆除的命運。當日式房舍一棟接著一棟消失，關子嶺的韻味與魅力，在王依華的眼中也隨之慢慢被磨去。

王依華是西拉雅國家風景區的解說志工，定居新營20多年的她原本是位國小教師，退休後受訓成為解說志工，她希望經由自己的傳述，能讓更多的人知道西拉雅之美。

銀葉樹的種子、蜜棗的種子，在王依華手中總能變身成為可愛的小飾品。她喜歡賞鳥，也對鳥類生存環境遭到嚴重威脅有很深的感觸，她說：「今日的鳥類，明日的人類。」環境所遭受的人為破壞，人類有天也將深受其害，所以，愛護環境每個人都有責任！

在地享分・地享

🔘 李清祥

冠軍麵包的桂圓 來南溪就吃得到

李清祥
現職：種龍眼、養蜜蜂
經歷：南溪社區發展協會理事
長

南溪社區只有 43 戶人家，卻有 160 座烘焙龍眼乾的土窯。龍眼乾機器烘焙只需一天一夜，但土窯燒柴烘製卻要花上 5 ～ 6 天才能完成，而這種「厚工」的事，就是這個村莊村民一直以來的堅持。而當中被稱為「龍眼乾達人」的李清祥，不但要忙農事，還自攬推展南溪社區觀光的重責，他不厭其煩地仔細說明不收任何導覽費用，只想讓大家了解以土窯烘焙龍眼乾這個消失中的產業。吳寶春的世界冠軍麵包「酒釀桂圓」，就是使用李清祥的龍眼乾，也證明了他的努力終究受到肯定！

水果一直是南溪的重要經濟農產，爾後為了保存龍眼鮮果所以發展出龍眼乾產業，也因此這一帶種龍眼的每戶人家都有土窯，形成「窯窯相對」的特別景觀。早期的土窯以黃土夯實堆疊而成，但容易因為碰撞而壞損，以至於後來重修的土窯，都以磚塊加以強化。

而龍眼乾的產製，只在每年 8 月中旬後的龍眼收穫期大約一個月的時間。因此若在此時到訪的遊客，就可以體驗在高溫中烘焙龍眼乾汗流不止，以及被煙燻到流淚不止的辛苦。若旅遊期間錯失龍眼乾的製作時期，也可以請李清祥導覽解說，一樣生動有趣。

從阿公手上接下這個工作的李清祥，烘焙龍眼乾已超過半個世紀。這個產業在南溪發展超過百年，但因為太辛苦，年輕一輩沒有人願意接手，使得李清祥感嘆地說：「烘焙龍眼乾只剩下我們這種 LKK 了。」

歡佳樂鄉野線

依偎阿里山山群、臨近曾文水庫與南化水庫的西拉雅鄉野沿線，
自然生態豐富、山水景致秀麗，
像是擁有絕色祕境的大埔綠鎮、波光瀲灩的曾文水庫，
或是被稱為水果之鄉的楠西、玉井與南化，
以及存在美麗稜線風光的梅嶺，
處處無不吸引旅人駐足流連。

曾文管理站 P86

大埔
竹炭和平窯 P90
大埔拱橋 P82

歐都納山野度假村 P128　北極殿 P84
內葉翅吊橋 P82

大埔

白馬亭

☆ 曾文水庫

跳跳生態農場 P122

山芙蓉渡假大酒店 P131

3

梅嶺風景區 P94
梅嶺遊客資訊站 P96

玄空法寺 P100

楠西 188

鹿陶洋江家古厝 P102
190

玉井斗六仔 P107
玉天雲海山莊 P124

188

龜丹溫泉 P104

186
虎頭山
余清芳抗日紀念碑公園 P110

玉井

3

20

北平社區微風山谷藝術村 P112
微風山谷民宿 P125

桃花心木林民宿 P126

左鎮

20

20

南化

烏山雲山寺 P114
烏山登山步道系統 P111
烏山台灣獼猴區

綠色鄉鎮大埔

轉彎就能看見驚喜

行駛蜿蜒的臺3線，就會來到擁有超過4千位居民的嘉義縣大埔鄉。經過社區營造後的大埔鄉，處處可見彩繪的牆面，以及利用漂流木綴飾的街景，讓這座可愛的鄉鎮散發著濃郁的藝文氣息。

天空盤旋的黑鳶，以及每年3、4月過境的紫斑蝶，更為大埔的四季妝點驚喜；這裡還有在北極殿大樹下，訴說著謝公願故事的耆老，以及悅耳的鳥叫蟲鳴、隨處可見的盎然綠意與蔚藍的水庫風光。

地勢東高西低的大埔，因1973年曾文水庫興建完工，成為珍貴的水土保持地，也讓原本的水稻產地轉型成竹筍加工地，因此每年夏天皆可看到曬筍乾的壯觀畫面。這幾年在產官學界的通力合作下，大埔鄉民朝觀光產業發展，陸續規畫的單車道，成了遊客認識大埔的最佳首選。從湖濱公園、螢火蟲生態區到茄冬村的竹管厝北極殿，處處充滿生態風光與歷史人文特色。

橫跨曾文水庫的大埔拱橋，全長130公尺，伸臂式的無橋墩造型，有如水面輕輕劃過的一抹影子。另一個著名景點情人瀑布，兩道美麗白練藏著浪漫傳說，也是茶山鄒族部落舉行成年禮的地點。

「內葉翅」意指老鷹的翅膀，所以曾文溪上的內葉翅吊橋，即因常有鷹隼盤旋於此而得名。優美的弧形橋身由鋼管及白色鋼索構成，左右兩端塔基的高低落差，讓吊橋融於山水中。此外，因為這裡是無工業的綠色鄉鎮，所以螢火蟲每年都會提著燈籠來報到，成為夏夜最繽紛的演出。

info

嘉義縣大埔觀光促進協會
· 地址：嘉義縣大埔鄉大埔村366號
· 電話：0926-012-040（黃志榮總幹事）

大埔遊客中心（曾文管理站）
· 地址：嘉義縣大埔鄉和平村雙溪100號
· 電話：（05）252-1368
· 服務時間：週三～週日9：00～17：00

★★ 提燈的天使螢火蟲

大埔是賞螢重地，每年的4～11月是最佳觀賞期。有臺灣常見的黃緣螢、臺灣窗螢，以及珍貴的邊褐端黑螢。而靠近湖濱公園所規畫的大埔美館，是西拉雅國家風景區管理處在曾文水庫周邊所設置的管理站，前身為螢火蟲館，現則改為呈現大埔人文故事，以及螢火蟲生態的教育基地。

邊褐端黑螢的最佳觀賞期為每年的6～8月，前翅末緣為黑色，頻率極高的閃光為其特色。

伸臂式、無橋墩造型的大埔拱橋橫跨在曾文溪上。

北極殿謝公願

代代感念神明來保庇

　　民國初年的某日，民風淳樸的大埔鄉民一如往常，展開一天的日常活動，沒想到該是綿綿細雨的季節，卻突然下起傾盆大雨，且數日未歇。

　　鄉內的主要河道龍蛟溪溪水暴漲，使得上游許多廢棄物被溪水沖刷至下游，其中的一棵大樹，

北極殿是大埔鄉民的主要信仰中心。

就這麼卡在庄頭的人行橋上，體積之大，無法靠人力搬動。大量的河水開始因巨木的阻擋而滿溢，於是溪水逐漸淹沒河道兩旁的豬灶坑社區。

　　眼看著鄉民的身家財產就要毀於一旦，無計可施之下，庄主率領所有庄民跪求玄天上帝保佑大家度過難關，並許下後代子孫將於每年的這一天，準備鮮花與素果、殺豬宰羊，以表達對於上天的感謝之意。就在眾人誠心祝禱後不久，神蹟突然顯現，巨木竟順著水流轉彎漂走，解除了大水的侵襲，也讓大埔免除一場水患。此後，鄉民便信守承諾，固定於每年農曆 11 月 15 日舉辦慶典活動還願，而這便稱之為「謝公願」。

　　直到現在，「謝公願」仍是大埔重要的地方慶典之一。因此除了每年農曆 3 月 3 日玄天上帝的誕辰

info

北極殿
· 地址：嘉義縣大埔鄉大埔村 137 號
· 電話：（05）258-6440

外，鄉民世代謹記這個重要日子，在庄頭的北極殿懷抱感恩之心，獻上精采的表演與祭品，藉以答謝神明的保佑。而這份信守承諾的美德，雖然沒有文字的記載，卻靠著彼此的口耳相傳，就這麼延續了百年之久。

　　舉行「謝公願」的北極殿，也是鄉民的主要信仰中心。歷經了 230 年的北極殿，從最早的草廟建築，整建成如今輝煌氣派的模樣：吊筒的雕飾、屋簷的剪黏，在在展現工匠們的精湛手藝。而廟前大街每週一的晚上，成為許多外地人到此擺攤做生意的熱鬧市集，也成了北極殿另類的廟會活動。

從北極殿中細緻的雀替雕飾，不難看出工匠精湛的雕刻工藝。

★★★ 大埔瘋單車

大埔人愛騎單車出了名，不但有串聯鄉內各景點的單車車道，還特別為此舉辦了單車嘉年華會。每年年底，西拉雅國家風景區管理處與大埔鄉公所舉辦的「大埔瘋單車」活動，吸引全臺車友齊聚大埔騎單車，還會讓大家發揮創意搞 Kuso，只要裝扮愛車夠具創意，就能參賽並有機會贏得獎金。

常見參賽者以周邊景觀發想設計，像是曾有冠軍得主以莫氏樹蛙為主題裝扮愛車，既有創意也融入生態概念。相關活動請上 www.siraya-nsa.gov.tw 查詢。

逍遙樂遊

乘舟盡觀四季生機

波光瀲灩的曾文水庫，優美風光總是引人入勝。

「萬頃碧波映青山疊嶂，湖光瀲灩醉輕舟遊徜」，攔截曾文溪蓄水成湖的曾文水庫，位於嘉義縣大埔鄉與臺南市楠西區的交界處。近40年來供應大嘉南地區的灌溉與民生用水，而其優美風光，亦吸引成千上萬遊客的造訪。

水庫周邊綠林疊翠，蘊藏豐富的動植物生態，山芙蓉嬌豔、大花紫薇繽紛、紫斑蝶與鳳蝶翩翩飛舞，八色鳥與五色鳥愉悅鳴叫，還有在天空傲氣飛翔的大冠鷲與黑鳶……，這裡的四季處處充滿盎然生機。或踩踏單車盡情遨遊，或搭乘遊艇展臂御風，都是一探全國最大水庫箇中奧妙的最佳方式。

因為夏天與冬天兩季水位的不同，使得乘船碼頭隨著季節而替換，但搭艇賞景的路線大同小異，像是全國唯一合法的水上釣魚平台、曾文大壩、攔木繩、飛鷹峽與壯麗的湖面景色，還有最讓人期待的是到山豬島看山豬行程。

曾文水庫也是個魚類豐富的漁場，大頭鰱、筍殼魚、曲腰魚，乃至於強勢的外來魚種「魚虎」，總是吸引釣客在此紮營垂釣。為了整合零散四處的筏釣場，南區水資源局特別設置一處筏釣平台，讓釣客體驗優閒垂釣的樂趣。

最受歡迎的水庫駐足點為山豬島，它並非一湖中島，而是周邊山脈延伸而成的島嶼。這裡多年前曾野放不少山豬，這些原本怕生的山豬經當地人餵養後，變成聽到遊艇鳴笛，就會飛奔出現迎接的趣味畫面。基於安全考量，乘客無法登島與山豬近距離接觸，只能在船上丟撒飼料餵食。長著獠牙的大山豬常彼此兇狠地搶著食物，使得搶不到食物的小山豬，成為遊客憐惜的目光焦點。

怪石嶙峋、黑鳶繁殖的飛鷹峽谷，雖然也常安排於遊湖的行程中，但若遇上4～6月的枯水期，船隻就無法進入，反而因此保住這裡的生態平衡。

✸✸ 「魚虎」人人喊吃

魚虎來自東南亞等地，屬於鯉科，也稱三線鯉，體型龐大，最長可至上百公分、最重則可達40斤。由於繁殖快速，近幾年來成為曾文水庫裡數量最為龐大的魚種，也因此嚴重威脅到臺灣的原生魚種。周邊餐飲業者順勢推出「魚虎大餐」，讓人人都成了「打虎英雄」。

魚虎肉質具咬勁，可清炒、煮湯，也能切成薄片涮火鍋，皮Q肉嫩且無魚腥味，成為造訪曾文水庫必嚐的美食佳餚。

曾文水庫的山豬島，是遊湖的必經景點。

🔲 info

曾文水庫觀光遊艇
· 地址：嘉義縣大埔鄉大埔村278號
· 電話：（05）252-2096

經濟部水利署南區水資源局曾文辦公區
· 地址：臺南市楠西區密枝里70號
· 電話：（06）575-3251

消失部落的淒美愛情

很久以前，一位名叫紅花的鄒族姑娘，邂逅了住在番仔溝（大埔古名）的青年，兩人情投意合。無奈當時原住民與漢人敵對的關係，使得這樁異族戀情無法有美滿的結局。某天，紅花得知自己的部落即將攻擊番仔溝，因心繫情郎安危，於是冒著生命危險通知村民，也因此保住了全村人的性命，但紅花卻從此消失蹤影。村人為了感念這位鄒族姑娘的情義，於是將番仔溝改稱為紅花園。

大埔當地耆老口中所流傳的這則故事，並無文字記載，因此後人只能在傳說中惋惜它的淒美。而當年的番仔溝，也因為水庫蓄水而永沉湖底，直到某年乾旱，紅花園遺址才得以重見天日。

遺址現在僅存基石部分，包括可以取水的深水井洞口、抽水設施、房屋地基與石磨等，隨處可見當年的繁榮景象。不過由於古聚落位在水庫最深處，因此除非遇到大乾旱，否則也只能從照片裡回味。

至於因興建水庫而遷移到高處的村民，則居住在現今大埔村茄冬腳一帶，因為當年將拆下的房屋，

曾文水庫興建時，紅花園沒於湖底，只有枯水期消失的部落遺址才會重現。

成排竹管厝仍保留 50 年前的模樣。

嘿，你到西拉雅打卡了嗎？

重建為成排的竹管厝，所以有幾棟還保留 50 年前的模樣。竹管厝最大的特色，就是以堅硬的麻竹做為支撐的樑柱，再以竹片、稻殼及石灰混合後做成牆面。之所以還能維持原樣，都是因為當地人力行「扛厝一條龍」的理念，全村同心協力搬完一家再一家，充分展現其合作與向心力，也讓竹管厝成為大埔最具人文特色的建築。

漫步在竹管厝前，密密麻麻的大花紫薇在非開花期間雖然像片雜生林，但可以預見來年的 5 ～ 7 月，將是一片藍紫色的美景。另外，曾文水庫特有的山芙蓉，宛如貴族般的丰姿，加上鳥兒最愛生長著紅莓般果實的構樹，使得這裡擁有令人期待的自然景觀。情人公園旁的光臘樹林經過疏林計畫後，成了甲蟲類的天堂，也是遊客夜探昆蟲開 Party 的最佳舞臺。

與三五好友騎著單車欣賞沿途風景，是人生一大樂事。

大埔竹炭和平窯 📍

堅持自然原料 走出另一片天

　　滿山遍野的麻竹，成就了大埔驚人的竹筍加工產業，也讓近兩代的大埔人幾乎靠著竹筍為生。每年7～9月是竹筍採收時期，也是筍農子弟的「義務勞動期」，都市裡的孩子忙著補習的同時，他們則是忙著採竹筍。

　　然而隨著筍製品的市場價格逐年下滑，為了擺脫這看天吃飯的辛勞，當了20年筍農的巫崇生在2002年參加政府的輔導轉型計畫，學習如何燒製竹炭，而農委會也特地請來日本老師親臨指導。2年過後，巫崇生收起醃漬筍子的大桶，蓋了2座燒竹炭的磚窯，自此從採曬竹筍的農家，搖身一變成為製造竹炭的專家。

　　巫崇生經營的和平窯，其所自造的窯體是以磚頭、加上竹片架構而成，並使用不易產生味道的木頭，如相思木或龍眼木等當成燒炭的燃料。

　　因為竹炭產品大多使用於人體，所以和平窯的竹炭，堅持使用採自然農法種植的孟宗竹做為原料，而那些施了化學肥料的竹子，也因

當了20年筍農的巫崇生成了竹炭製造專家。

★★ 玄山湖山林咖啡自種自烘

擁有眺望曾文水庫與大埔社區絕佳地理位置的玄山湖咖啡，主人林飛宏原本在臺北從事廣告業，10年前接手妹妹的這家咖啡館後，開始了與自家咖啡園裡超過一千棵咖啡樹為伍的日子。

除了採自然農法栽種有機咖啡，無論是採收、選豆、去皮到烘焙，林飛宏全都親力親為。他還自創咖啡零食「巧包豆」，是種融合巧克力甜與咖啡豆苦的巧妙口味，也成了遊客到此一遊的最佳伴禮。這裡的咖啡有義式沖泡、也有虹吸式的單品製作，不僅大埔人愛喝，也會介紹外地遊客到此啜飲。如果念念不忘那幸福滋味，還可以打電話請老闆宅配咖啡豆。

和平窯是個以磚土為主，並加上竹片構築而成窯體。

此被他拒於門外。

　　竹炭的製造，從收購材料到加熱、進窯悶燒、降溫、煙燻、去乾、淨化等一系列過程，需費時 2 個月的時間才能看見成品。

　　目前和平窯除了生產工業用的竹炭粒、竹炭粉之外，工作站內也販售黝黑發亮的竹炭片、品質極佳的自製竹醋液、竹醋香皂及竹炭布偶等產品。因為竹炭本身具有除臭、防蚊的優質功效，也因此成為許多外地遊客指定購買的伴手禮。

info

和平窯
· 地址：嘉義縣大埔鄉和平石硿內 22 號
· 電話：（05）252-1229 ／ 252-1139

玄山湖山林咖啡
· 地址：嘉義縣大埔鄉大埔村 1 號附 1
· 電話：（05）252-2169

星星的故鄉楠西

遍嘗百果能成仙

　　「星星的故鄉」，這麼美的名字是楠西區的暱稱。但這個名稱並非因為當地有滿天星斗，也不是電視劇曾來此拍攝，而是因為這裡的漫山遍野，處處種著切片後呈現星形模樣的楊桃。

　　整個楠西地區幾乎都由臺3線所串聯，因此每到水果產季，路旁就會有許多臨時的水果攤出現。1～3月的棗子與楊桃、3～4月的芭樂、4～5月的荔枝、6～7月的芒果、8月的龍眼，以及整年都可以吃得到的木瓜與香蕉，遂使得楠西成了「百果之區」。

　　而水果中產量最大的就是楊桃，其中又以密枝里的楊桃甘甜多汁而聞名，且多半為軟枝品種。在果農之家老闆江新炎的眼中，密枝里是一處人間福地，因為種什麼水果都好吃。多年前，他從果農轉型當起餐廳老闆，便嘗試以水果入菜，

楠西盛產香甜多汁的楊桃，被暱稱為「星星的故鄉」。

果農之家占地 10 多公頃，規畫有餐飲、採果、露營等遊樂休憩區域。

「阿姐的餅」嚐得到當令水果的新鮮。

賦予當地農產品全新面貌。果農之家的水果菜單琳琅滿目，前後加起來共 53 道，熱門的水果宴就有 10 道，皆以在地當季盛產的水果料理，包括高人氣的香蕉苜蓿芽捲、鳳梨盅等。香蕉苜蓿芽捲是以新鮮香蕉、酥脆香菇酥與苜蓿芽等食材混合後，外面以潤餅皮裏捲而成，清爽又可口。還有楊桃柳絲及芒果菲力，也是值得推薦的料理。

因為密枝里也栽種不少網室木瓜，於是江新炎也開始研發木瓜的加工產品，像是利用未成熟的青木瓜製成木瓜絲與木瓜塊等罐頭，不但可以當小菜解饞，也能熬煮雞湯。另外，果農之家的鳳梨酥則選用在地土鳳梨當內餡，是這裡超高人氣的伴手禮，也因為這是老闆姊姊結婚時的喜餅，所以又被稱為「阿姐的餅」，不但美味又別具有紀念意義。

果農之家後方的果園是個示範觀光果園，搭配特別造林的桃花心木林步道，步行來回約 40 分鐘，且四季風情各異，尤其是 4 月的落葉更是別有意境。

果農之家的香蕉苜蓿芽捲。

info

果農之家
- 地址：臺南市楠西區密枝里 6 號
- 電話：（06）575-0035

梅嶺風景區 📍

賞螢、嘗梅、走步道

眺望綠意蔥鬱的梅樹群，始終不解為何梅嶺的舊名叫做「香蕉山」，直到詢問在此守護了三代的梅農才知道，原來以前這裡栽種香蕉，但日治時期為了製作梅精及醃梅等加工品運回日本，才開始大量種植梅樹。直到光復後，前副總統謝東閔來此一遊，看到滿山盛開的梅花，才替此地取名為梅嶺。

來到梅嶺不但可以賞梅、吃梅餐，還有多條風景優美的健行步道，不論是梅峰古道還是一線天登山步道，抑或是挑戰級的阿里山山脈稜線步道，都可一探梅嶺之美。

此外，經過多年復育，伍龍殿步道上的賞螢區，每到 4 ～ 5 月還可欣賞閃爍著點點綠光的螢火蟲，無論是黑翅螢、端黑螢或是山窗螢，皆為遊客打造出最美的「星光大道」。而每年元旦至一月中下旬，還有迎面撲鼻的梅花香，也是梅嶺另一場不可錯過的季節盛宴。

因為梅嶺的梅花季與賞螢季，總是吸引蜂擁而至的人潮，因此提醒想在此過夜的遊客，別忘了事先訂妥住宿，以免向隅。

梅嶺的梅子種類繁多，經濟效益高。

★★ 賞梅・識梅

臺灣梅樹多集中在南投縣、臺中縣及臺東縣等地，12 月底至翌年一月初是梅花盛開的季節，而 3 月～ 4 月下旬則為果實的成熟期。梅嶺的梅子種類多達 20 ～ 30 種，主要以石塔種、青心種與阿榜種為主。石塔種是梅農許石塔嫁接後所種植的，因而以其命名；阿榜種則是早在日治時期就有，所以梅嶺的老梅樹大多是阿榜種，也因為生命力超強，深受梅農青睞。

梅子多用來製成加工品，像是原味醃梅或加了紫蘇的紫蘇醃梅等多種口味，而目前比較流行的是製作成梅精，經濟效益也相對較高。

走在綠意蔥鬱的梅樹群間，讓人得以洗滌一身疲憊。

梅嶺遊客資訊站

入梅嶺前的知識補充站

上梅嶺前,不妨先來這個位於市道南 188 號 5 公里處、旭壽橋前的梅嶺遊客資訊站,惡補一下當地的旅遊資訊,因為來到這裡,有助於遊客更貼近梅嶺的不同風貌。

由西拉雅國家風景區管理處規畫整建的梅嶺遊客資訊站,除了可以免費索取地圖與周邊的旅遊簡介,館內還有多幅介紹梅嶺或臺南各地風景特色與農業生態的圖文,還有以「遇見西拉雅」與「情定西拉雅」為主題、分成 4 個時段播放的導覽影片。至於資訊站的後方,則架設了簡單的木棧步道,提供遊客登上步道遠眺遠方的山景。

熱情的解說人員,總會像介紹自家珍寶般,用力推銷梅嶺之美,每寸風土、每道料理,在他們的口中都是必訪、必嘗之作,例如人氣很夯的神祕氣場及一線天步道,解說員就非常鼓勵大家前往體驗。他們還會依每位遊客的體力與時間,給予最佳的旅遊建議。因此不論是否已做足功課,上梅嶺前,不妨先來遊客資訊站稍作停留,既可休息,也可獲得豐富的在地資訊,對遊客來說真的是獲益匪淺。

梅嶺遊客資訊站全年無休,每天有固定的開放時間,若需旅遊諮詢,建議在上午上山前,來此詢問服務人員,或是索取免費的旅遊地圖、旅遊摺頁等資料。

入山前,記得到遊客資訊站先惡補一下在地旅遊資訊。

info

梅嶺遊客資訊站
· 地址:臺南市楠西區灣丘里梅嶺 3-2 號
· 電話:(06)575-5830
· 服務時間:週一～週日 9:00～17:00

梅嶺遊客資訊站全年無休，每天都有固定的開放時間，也提供專業的解說服務。

梅峰古道 📍

刺激驚險一線天

被虎寮坑、梅峰與竹仔尖山等群山環繞的梅嶺，擁有極佳的健行路線。

當地最具人氣的登山步道有：梅峰古道、伍龍殿步道、一線天登山步道與觀音寺步道。而另外一條挑戰性較高的阿里山山脈稜線步道，從梅峰走到竹仔尖山起碼得花上一整天的時間，如果沒有經驗豐富的當地人士或登山嚮導帶領，不建議一般遊客貿然行走。

若想尋求刺激又不想花太多時間爬上爬下，一線天登山步道可謂其中首選。開車抵達登山口後開始步行，約2小時即可來回走完全程。一線天登山步道的終點，是左右兩山壁相夾、僅容一人可通行的一線天小徑，以及貌似老鷹睥睨群峰姿態的獵鷹岩。

梅峰古道以前是農民農閒時上山採筍的路徑。

然而，在一線天登山步道中最精采的，絕對是步行的過程。西拉雅國家風景區管理處為了維護步道的原始風貌，沒有打造過多的人工階梯，攀岩的樹根與一塊塊嵌架在岩壁上的木條板，就是通往

★★ 神祕氣場自體共鳴

站在房間中央說話所發生共鳴的機率是零；而站在梅嶺神祕氣場中間自體說話的共鳴可能就是100％。這幾年在當地居民的無意挖掘下，一處原本普通的圓形空地，讓人體有了許多奇妙的磁場反應，因為只要站在空地的中間說話，立刻就會有宛如立體聲的環繞音效感。

曾經有人做過實驗，如果在這兒站上10分鐘或更久，身體還會不由自主的原地旋轉、打嗝，甚至出現全身抖動的現象。而根據專家的觀察，這裡有可能是受到周圍山脈的影響，加上土壤本身的氣場關係，因而導致這些奇特現象的產生。也因此，神祕氣場不但吸引許多遊客前來體驗，更成為梅嶺當前最夯的旅遊景點。

終點的步道，再加上左邊為陡直的峭壁，右側是密林叢生的山谷，行走其間得時時提高警覺，那股戰戰兢兢的心情令人難忘。

這裡的步道，都有專人定期的保養維修以確保其安全性，因為梅嶺當地的業者約 1～2 週就會有人前來巡查設備的牢固度，所以來這裡攀登步道，只要抓緊繩索、小心腳下的每一步，就可以放心享受登山樂趣。

一線天登山步道，則是後期為了觀看獵鷹山谷風光所打造而成的，若想尋找真正的古道，那就必須走一趟梅峰古道。梅峰古道是以往梅嶺農民趁著農閒時，上山採筍補貼家計的路徑，經過近幾年的修建，梅峰古道成為可以俯瞰梅嶺風光與懷舊思古的大眾化路線。古道終點為 1,059 公尺高的梅峰，走一趟約需花費 2～3 小時。

其中前段步道在梅嶺風景區發展協進會的維護與植栽下，成為一條野百合、桂花、紫牡丹朵朵綻放的花之步道；而桂花樹段則仍保留舊時古道的石板塊風貌，讓大家體驗前人上山採筍的情境。

部分步道需手腳並用，讓攀爬的過程充滿驚險刺激。

玄空法寺

恢弘氣派度佛緣

「有事沒事心中過，心中不留舊事愁。」這句話是大智山玄空法寺創辦人——全真上人的精神標語，而這句話對於經常受到心靈桎梏的俗世人來說，多少有當頭棒喝之用。

玄空法寺是楠西的一處靈修道場，創辦至今已有 20 年。藍瓦、綠松、奇石與碑林，有別於傳統的中國佛教建築。約 2 公頃大的園區內，包括了生命之路、水月行雲妙聖池、碑林與玄空法寺主殿等，不時有參拜的信眾虔誠流連其間，享受道場的寧靜氛圍與周邊的山水風光景致。

生命之路由全真上人親自設計，長約 400 公尺的庭園式步道內，錯落著姿態萬千的松柏盆景與植栽，還有 6 處休憩亭供信眾歇腳；而上頭刻印著佛家偈語的巨石，在在提醒人們別忘了要時時保持善念。一旁的樹木化石區，則擁有經過億萬年變化成形的矽化木（又稱樹化玉），色彩斑斕、儀態萬千，同樣吸引許多遊客及參拜民眾親臨造訪。

此外，庭園裡還有一座長形的水月行雲妙聖池，上方搭配著一座小拱橋，還有高低相間的花木以及池中自在優游的錦鯉，若不是遠方的香客大樓轟立於此，會讓人誤以為身處某個世外仙境之中。

玄空法寺內巍峨的主殿華麗莊嚴，大廳內供奉著佛教的護法神伽藍菩薩。伽藍菩薩神像用高 8.5 公尺、重 25 噸的上好漢白玉原石，經由工匠雕製成現今 4 噸重的模樣，且這尊腳踏蓮花的伽藍菩薩，更是此地僅有。

另外，位在主殿正對面、刻有心經全文的佛心印聖石，是由花蓮原寸載運至此，重達 152 噸，也成為寺方的代表性地標之一。

info

玄空法寺
· 地址：臺南市楠西區中興路 107-1 號
· 電話：（06）575-1455

★★
★ **永興吊橋遇上紫色浪漫**

順著玄空法寺旁的道路往下行駛，即可抵達永興吊橋。每當夜幕低垂，橫跨曾文溪、全長 346 公尺的吊索式鋼橋燈火亮起，宛如暗夜裡一抹繽紛的七彩光影。全新的吊橋是納莉風災後重建而成的，橋身為紫芋色調，天氣好時，在藍天的襯映下顯得格外美麗。

水月行雲妙聖池的庭園造景宛如人間仙境，處處可見寺方的用心規畫與維護。

聚落發展的活教科書

站在江家古厝偌大的前埕廣場，馬上就能感受到大宅院的氣派氛圍。背倚青山的格局，使得江家古厝讓人得以看見江家祖先對於風水的講究。

江家自第 12 代先祖江如南，於 1721 年（清康熙 60 年）從福建漳州遷徙到此已接近 300 年，初來乍到的遊客，一開始還無法感受這個聚落曾有上百戶屋舍的壯觀場面，但在轉身 360 度舉目四望，並穿街走巷實地體驗後，就不難想見當時江家聚落的完整與繁盛。

3.5 公頃的面積，4 進 3 院 13 條護龍的格局，如今想在臺灣找到保存如此完整的聚落風貌已是寥寥可數，更不用說還有後代子孫繼續居住在此，且多達 20 戶以上。此外，相較於其他冷清的古蹟展示空間，江家古厝的珍貴，在於可以見證這個聚落演變的時代進程，宛若一部真實的歷史教科書。

正中央的江家宗祠，是歷代子孫祭祖的聖地，拜亭前的兩句話：「出交益友，入則和成」，明確點出江氏家訓。經過拜亭走入第二進的公廳、第三進的神明廳到第四進的祖祠堂，其簡樸低調的設計，處處散發中國人內斂的性格；祖祠堂前的廣場，則被現居於此的江家人用來掛曬大棉被，也充分展現在地的生活味道。

宗祠左右兩側的護龍亦保留不少老建築，有些目前仍有江家人居住，有些則做為歷史展示文物館。其中的右側護龍不乏有超過 200 年以上的古建築，土埆厝、竹管厝、紅磚屋、洗石子屋，就像是完整的時間軸帶，訴說著時代的演變。

1896 年興建的土埆厝刻意裸露牆面，展示祖先就地取材的古老智慧；有 65 年歷史的竹管厝，則以竹幹為骨架、以竹編混入粗糠與泥土做為壁面，散發質樸古味；屋與屋中間的小巷，狹小到僅能容一人通過，其目的在於防範宵小，俗稱為「捉賊巷」，現在則成了小朋友玩捉迷藏的最佳地點。

老屋上的雕刻、彩繪作品不少，像是其中一戶單間建築的大門上，

捉賊巷讓不諳江家古厝的盜賊無處遁逃。

繪有壹圓、伍圓、伍拾圓等三張紙幣在門楣，若追究老屋的興建年代，約在 1928 年的日治時期，也因此這裡被暱稱為「日本錢」。

古厝是一處開放的景點，不收門票可自由參觀。但因仍有江家後代居住在此，所以該有的禮貌不但不能少，也要懂得尊重他人，如此才能讓大家可以繼續欣賞這古厝的絕代風華。

 info

鹿陶洋江家文化促進學會
· 地址：臺南市楠西區鹿田里油車 86 號
· 電話：（06）575-1081

江家古厝偌大的前埕廣場，展現出大宅院的氣派氛圍。

龜丹溫泉

純天然的美人好湯

　　因為關子嶺溫泉的名氣響亮，使得楠西的龜丹溫泉知名度相對較低，但也因此保留住淳樸的原始風貌。

　　「龜丹」聽起來像是神話故事裡才會出現的地名，據說是由平埔族語翻譯而來的。其實「龜丹」就是溫泉的意思，如同泰雅族人

稱溫泉為「烏來」。龜丹的溫泉源頭位於糖仔恩山與梅嶺交界的河谷，因為斷層隆起而出現的溫泉，屬碳酸氫鈉泉，浸泡後可讓肌膚變得光滑細緻，因此也有「美人湯」之稱。由於當地仍是個以務農為主的社區，所以目前僅龜丹溫泉體驗區為此地較具規模的泡湯地點。

　　龜丹溫泉體驗區是由在地人賴金瑞所經營。賴金瑞又被稱為阿水哥，一開始以民宿為其主要經營項目，後來從 6 公里外的山區源頭接引溫泉水至此，便開始提供住宿與泡湯的享受。不但大眾湯廣受喜愛，還特別規畫了主題泡湯池，因此每到假日總是熱鬧非凡。

　　看著大人在池間閉目養神，小朋友則在水柱沖擊區享受泉水的按摩，讓人也想立即踏進水池裡，一同體驗溫泉的舒適。另外，在園區的綠色草坪上，有棟專為女性設

計的南洋式高腳屋，讓享受完戶外湯的女士可以來此小憩一番。

　　而這裡的室內湯屋空間寬敞，可容納 4 人，部分湯屋也提供休息的大床；位於餐廳上方、以鋼骨結構打造的民宿設計簡約，還有交誼廳可與住客互動交流。

　　此外，周邊也有不少適合半日或一日遊的景點。體力好的朋友，可以請阿水哥帶著大家去瀑布群探險；體力過人者，不妨爬爬萬年山或到龜丹溫泉步道走走。社區內還有不少人文史蹟，像是石頭蓋的土地公廟、以石刻為契約立據的古老石碑、噍吧哖事件地點之一的鐵谷山宮等，讓人可以更親近龜丹。

ⓘ info

龜丹溫泉
‧地址：臺南市楠西區龜丹里 59-6 號
‧電話：（06）574-6989

遠方的南洋式高腳屋是女性專用的休憩處。

戶外主題泡湯區每到假日總是熱鬧滾滾，大人與小孩都開心。

龜丹溫泉步道 📍

樂活山林遠足趣

龜丹溫泉步道是「噍吧哖越嶺古道」的中段，當年抗日人士為躲避日軍的追捕，曾沿著這條古道隱藏蹤跡，由此可見其隱蔽性極高。

古道入口位於龜丹溫泉體驗區後方坡道，初段鋪設枕木、後段多為原始林道，中途設有多處觀景台；終點是 3 座生態水池，是社區發展協會所規畫的生態復育區，從成排相思樹與茄苳樹的小樹苗，可預見多年後群鳥飛翔的盛況。

走在步道上，最棒的享受莫過於靜心聆聽八色鳥或麻雀的對話；沿途生長的菅芒草、野生刺莓、刺竹或桃花心木林，則像一座熱帶林相的寶庫。

竹雞偶爾出來走秀，與遊客們打聲招呼，如果運氣好，還能和野兔打個照面……，漫步在此，可以讓久居都會的自己吸收山間靈氣，身心頓覺舒暢。

林務局重新開闢的龜丹溫泉步道，可俯看龜丹溪流域，視野極佳。

玉井斗六仔 📍

臺灣第一棵愛文芒果樹在此

　　鮮嫩多汁、口感香濃，咬上一口便無法自拔的愛文芒果，不只在臺灣很火紅，還是外銷日本的水果明星。

　　嚴格的種植條件，讓玉井出品的愛文芒果，征服大和民族的味蕾。但這樣的輝煌成績，其實是累積許多失敗所換來的，而這「種芒果」的故事，就要從玉井的斗六仔開始說起……。

　　1962 年，斗六仔的農民鄭罕池，接受農復會輔導栽種 100 株愛文母樹，不料卻遇上霜害僅存 4 棵損失慘重，但他並未因此氣餒，

經過 3 年的鑽研與各種嘗試，克服了蟲害與寒害，終於在 1965 年結出香甜果實，於是愛文芒果從此「落腳」臺灣。

　　而這位現年 80 多歲的鄭罕池，也因此被稱為「臺灣愛文芒果之父」，並成為國小本土教育手繪本中的主角。

　　如今，臺灣第一棵愛文芒果樹仍聳立在斗六仔舊區的代天府旁，枝葉茂密、樹身蒼勁有力，到現在還能開花結果，這也印證了斗六仔的農民儘管環境惡劣，依然可以創造出奇蹟。

臺灣第一棵愛文芒果樹。

★★ 有間冰舖的超夯芒果冰磚

以新鮮芒果汁製成芒果冰磚，在玉井地區打響名號的知名冰店「有間冰舖」，一直以來是遊客大啖芒果冰的首選。老闆簡良吉不斷研發新口味，從一開始的雪花冰、綿綿冰，到現在人氣超夯的「芒果無雙」，為玉井芒果增添許多新的賞味方式。

「芒果無雙」是以新鮮芒果、情人果與芒果冰淇淋做為材料，每一口都能品嘗芒果的甜蜜香氣。芒果乾與芒果醬都是店家自製，純天然不加防腐劑，也難怪會大受歡迎。店內還會依季節不同，推出當令盛產的水果冰品，如：荔枝冰淇淋與草莓冰淇淋等，同樣美味可口。

鄭罕池是國小本土教育手繪本中的主角。

黃橙橙的愛文芒果,讓人垂涎三尺。

斗六仔聚落內有舊社、新社、寮仔3個區域,隔著曾文溪與玉井區相鄰,200多戶居民一直以來僅靠著一座中正橋與外界相通。

地處邊陲的斗六仔,因為當地的灰化土質不適合種植稻米,所以早期居民只能靠著種植甘蔗和樹薯過生活,但經過鄭罕池及許多農民的努力,現在已經成為培植愛文芒果的寶地,尤其靠近斗六仔山一帶的山坡地,所栽種的芒果品質更佳。

時序進入3月,斗六仔山就會有整片赭紅耀眼的芒果花海;而接下來的芒果套袋,以及7～8月的芒果採收期,更是當地的年度盛事,不但採收工人多,遊客更是絡繹不絕,周遊在芒果小徑中,看著結實纍纍的果樹,心中滿是豐足。

斗六仔山也因為地勢較高,加上地形相對開闊,因此站在斗六仔可以一覽無遺的俯瞰整個果園與玉井區的風光,讓人可以一邊大啖芒果、一邊賞景,享受人間難得幾回樂的優閒。

芒果要吃,芒果嘉年華活動也別忘了參加。每年一到芒果節,玉井區農會就會吆喝農民們拿著自家芒果上臺選美,比畫一下重量、果型及果皮色澤,再從中選出冠軍。如此有趣的活動,不但讓這裡處處散發著歡樂的氣氛,也讓這個成功種下臺灣第一棵愛文芒果樹的玉井區,為芒果的栽種譜寫出精采的一頁。

info

玉井區農會
· 地址:臺南市玉井區中正路139號
· 電話:(06)574-2216

有間冰舖
· 地址:臺南市玉井區中正路152號
· 電話:(06)574-2869(總店)

整片赭紅的芒果花海象徵豐收的未來，讓人心中湧現豐足感。

余清芳紀念碑 📍

翻開噍吧哖事件簿

朗朗青空下，庭園餐廳林立的玉井虎頭山上，矗立了一座「抗日烈士余清芳紀念碑」，簡單幾個字的背後，是噍吧哖（玉井舊稱）聚落上萬村民的性命。這個發生於1915年，漢人與平埔族聯合抗日的活動，稱之為「噍吧哖事件」，也因領導人為余清芳，所以又稱為「余清芳事件」。

在日治時期擔任噍吧哖社助理警察的余清芳，常看到臺灣百姓遭受日本人欺壓，於是開始祕密進行抗日行動。日軍發現之後，展開追捕與坑殺，使得許多無辜村民在這次的戰役中犧牲，也讓這個抗日事件，成為當地人心中無法抹滅的傷痛。

而紀念碑的所在地虎頭山，即是當年激烈抗日的戰場之一。站在高踞山頭的紀念碑公園周邊，遠眺玉井區美景，昔日的殺戮戰場被眼前的和平景象替代；紀念碑，僅剩陳述歷史的功用，提醒著人們勿忘為自由與尊嚴犧牲的先人，也告誡後代子孫平和的生活得來不易，要時刻牢記戰爭的可怕與殘酷，珍惜平安富足的社會。

高踞山頭的紀念碑公園可遠眺玉井美景。

紀念碑碑文描述當年的事件始末。

烏山登山步道

山光水色收眼底

烏山步道視野遼闊,且具有副熱帶山脈豐富的生態資源。

　　蜿蜒的後崛溪,曲折穿越過層疊的山脈,在南化的心臟地帶匯聚成南化水庫;向南綿延的烏山山脈,匯集靈氣磁場,吸引各方宗教在此興建大殿,無不證明南化的好山好水,連神佛也滿意。9成以上靠農業為生的南化居民,很享受這個仙山聖地的家鄉,其中的烏山步道,則是熱門的郊遊路線。

　　從「萬里長城步道」的暱稱來看,不難想見烏山步道的挑戰有多高。總長 12 公里,制高點為 802 公尺,不管從南到北或從北到南,走完全程都需要 8 個小時。

　　而這條典型的稜線步道,同時也是臺南南化與高雄甲仙的山界;幾乎平直的山脈,則讓人彷彿置身平衡木上。步道有數條路段可供進出,讓遊客依自己的體力,隨時評估是否需撤退休息,或是可以走完全程。雲山寺步道是其中的一條登山步道,入口處位於寺廟右側,沿路由枕木階梯、原始林道串聯,且坡度較陡,途中可經紫竹寺、龍湖寺 2 大寺廟,還可眺望南化水庫,來回約需 1 ～ 2 小時。

　　另一段則是從紫竹寺登上稜線步道。紫竹寺位於海拔 500 公尺以上,站在寺前廣場可俯瞰南化,天氣好時還能遠眺高雄市。此外,約 2 公里長的龍麟步道,則是風景最漂亮的一條步道,因為大石錯落、片片連接像巨龍麟片因而得名。龍麟步道屬於環狀系統,且逆時鐘行走比順時鐘前進輕鬆。

微風山谷

御風探訪藝術村陶牆

微風山谷，聽起來讓人神清氣爽。它不在歐洲、不在加拿大，就位在南化的北平聚落，是一處有著大片芒果園與老厝的地方。微風山谷是由北平社區發展協會所命名，理事長呂共法從外地回鄉後，不但把藝術創作帶進這裡，更發起藝術家的駐村活動，讓村民與外地遊客看見不一樣的聚落再生。

走在北平社區的主要道路，家戶外的圍牆，以可愛的陶製作品取代水泥牆，或用漂流木與花草造景迎接每一天。這裡還規畫了單車車道，讓大家一邊御風騎乘，一邊欣賞藝術牆。而原本的藝術家工作室，現已轉型成為漂流木家具展售場，每一個廢棄的漂流木在木匠的巧手下，化身為精緻工藝品，也成為當地積極行銷的特色之一。

這裡的單車道範圍大致是從南化國小前的臺20乙線開始，經過

社區內的單車道平緩舒適，但仍要留意自身安全。

芒果綠色隧道，在南天宮牌樓處轉進北平社區後的一段路程，沿著產業道路經過中坑村、二龍休閒公園、七苓頂，再接回臺3線與臺20乙線串聯，沿途老屋錯落，還能停下來欣賞芒果山的壯闊景致，途中還可以和社區優閒的老爺爺、老奶奶閒話家常。

單車道行經的路線有省道與社區道路，雖然平緩舒適，還是需注意自身安全，避免與大車太過靠近；且進入社區或聚落時，要記得放慢速度，注意行動較為緩慢的老人家，以免不小心發生碰撞。

info

南化區北平社區發展協會
· 地址：臺南市南化區北平里 5 鄰 53-5 號
· 電話：（06）577-4168

微風山谷位於南化區的北平聚落裡，社區牆上皆裝飾著逗趣的陶藝作品。

烏山雲山寺

良心商店見證人性本善

位在半山腰的雲山寺，也是在地人最喜歡聊天賞景的地方。

宗教信仰的精神主軸在於教化人心、提倡善念及濟弱扶貧。南化水庫旁，位於烏山山麓的雲山寺，就是一個成功彰顯人性良善面的場域。比起金碧輝煌的恢弘寺廟，坐落在海拔 400 多公尺山腰的雲山寺顯得小巧玲瓏。

廟內奉祀的主神觀世音菩薩，是信徒張雅玲從高雄市阿蓮區的超峰寺分靈而來，菩薩選擇了可以俯瞰南化水庫全景的制高地落腳，周邊青山環繞，眼前綠水悠悠，光是站在廟前的廣場，就會頓覺身心舒暢，枯水期還能夠觀賞到裸露的水庫狹島，呈現宛若鱷魚般匍匐前進的姿態。

雲山寺建廟至今約有 20 年，一開始只是簡單的泥塑廟宇，幾經修建後才有今日的樣貌。寺院旁的步道就是烏山登山步道的入口之一，不少登山客無論上、下山都會在此歇腿休憩。

廟旁的零食櫃放有飲料與點心但卻無人看守，僅擺著標有「良心商店」字樣的零錢筒，且一旁指示牌寫道，「此為良心自助攤，有需要解渴、果腹的民眾可自行投錢取貨。」這是張雅玲體恤登山客充饑不便所準備的，費用全由她支付，所得則全數捐給雲山寺。而這幾年下來，錢筒內的錢非但沒有短少，更因為遊客感動店主的信任與貼心，於是將其當成香油錢捐贈，也因此使得筒內的錢反多不減。

廟前還有棵 200 年以上的龍眼樹，是遊客乘涼遮蔭之處，假日廟方會擺上桌椅供香客休息。

想欣賞南化水庫的壯麗風貌，雲山寺是絕佳的俯瞰位置。

info

雲山寺
· 地址：臺南市南化區玉山里 13 鄰 152-7 號
· 電話：（06）577-2870

梅嶺天然手工醃梅 📍

垂涎三尺酸甘甜

　　每年的 3 月下旬到 5 月中旬，蜿蜒的梅樹林道上，處處可見戴著斗笠的婆婆們忙著摘採梅子、製成各種加工品。梅子本身含有檸檬酸，可促進人體的新陳代謝，7、8 分熟度的青梅經過鹽漬或糖漬，可以製作梅精、脆梅，或是話梅、茶梅，甚至釀梅酒等加工品。

　　在梅嶺已傳承至第三代的許家梅農，目前由許鴻文、許鴻賓兩兄弟接掌。許鴻文 10 多年前投入梅精的研發，且當多數梅農仍在使用農藥時，他就採用自然農法栽植了 5 公頃的梅樹，採收後製成梅精與原味脆梅等加工品。

　　製作梅精需耗費很大的心力，

首先要將萃取的新鮮梅汁混入砂糖後加熱，連續兩週近乎不眠不休的火候控制，才能熬煮出有機酸高達 49.5 ～ 58.6 的優質成品，連日本師傅都大加稱讚。從採梅、洗梅、壓製梅汁，看著許家人土法煉鋼，守在一甕甕的加熱鍋爐旁，令人佩服梅嶺梅農的堅毅精神。

左：梅子採收季可見農家忙著採收的繁忙盛況。

中：醃梅料理開胃解膩，讓人食指大動。

右：青梅經過鹽漬或糖漬，可製成梅精等副產品。

開胃解膩的醃梅料理令人垂涎三尺。許鴻文父母經營的大眾餐飲民宿，就是使用自家醃漬的原味梅烹煮料理，無論是有甘甜湯頭的梅子雞湯、香嫩多汁的梅子豆腐，或是淋上梅汁的爽脆山蕨，每一口都吃得到滿分的創意。為了方便遊客也能回家自行熬煮，店家更貼心製作梅子雞湯罐，讓更多人也能帶回家輕鬆品嘗。

📷info

大眾餐飲民宿
· 地址：臺南市楠西區灣丘里梅嶺 32 號
· 電話：（06）575-2598

許鴻文精心栽種的梅樹，總是自己動手修枝剪葉。

美食賞味

瑪莎園

擁抱一方山水與藝術

　　豔陽高照的初春時節，玉井的虎頭山上吹拂著涼風，耳畔傳來慵懶的法國香頌樂曲。選擇這首音樂的女主人瑪莎，正以燦爛的笑容，迎接到訪的每位貴賓。

　　瑪莎本名張淳慎，是一位喜歡大自然的愛狗人士。10 年前與退休的先生一起買下虎頭山這塊土地，便開始兩人蒔花弄草的山居生活。這裡種著一大片的鳳仙花，那裡栽下一棵桑樹，綠草沿著蜿蜒的步道生長；有時興頭一起，擺上幾張花園涼椅、打上一把大陽傘，就能以最佳視野欣賞玉井風光。

　　而這樣的美好生活吸引朋友們的屢屢造訪，且大家也希望能一起

瑪莎園庭園餐廳是瑪莎與先生攜手打造的。

店內的招牌料理情人果蔗香豬腳。

分享這裡的美好，因此秉持著「獨樂樂不如眾樂樂」的夫妻倆，打造了這間瑪莎園庭園餐廳，歡迎大家來此體驗鄉野的自然。

　　這裡沒有圍牆，可以隨興選個喜歡的角落，自在的與大自然對話；室內保有寧靜氛圍，還可 360 度欣賞環繞四周的美景；此外，因

為主人愛狗，所以也非常歡迎客人帶著寵物來這裡輕鬆一下。

　　西式口味的餐點，出自於女主人的創意，其中情人果蔗香豬腳口感脆嫩，是這裡的人氣料理；卡士達奶油鬆餅搭配新鮮草莓，酸甜綿密滋味令人難忘。既然位於玉井區，當然也要推出熱門的芒果風

ℹ️ info

瑪莎園
· 地址：臺南市玉井區沙田里 25-66 號
· 電話：（06）574-6809

味餐，像是深海魴魚與新鮮芒果的絕妙組合，或芒果加上卡士達奶油的鬆餅，濃濃的季節水果風味，讓夏季為了品嘗芒果上山的饕客們，有了不一樣的味蕾享受。

除了有迷人的花草景觀庭園，這裡的藝術創作也是另一驚喜。瑪莎專攻視覺傳播的二兒子，擅長各種小物設計，所以店內擺放不少他自己創作的作品，像是以時尚色調，讓平凡的素材化身成漂亮配飾的卵石塗鴉彩繪，還有戶外庭園步道上的彩繪鐵燈籠，夜裡還可發出七彩光芒，全都出自於瑪莎二兒子的創意巧手。

虎頭山上的瑪莎園，能以最佳的視野欣賞玉井風光。

南化在地美食 📍

芒果乾・紅柴蜜・蓮霧・關山黑糖

　　優良的土質與氣候條件，讓南化可以種出品質絕佳的水果；聰明的農民更懂得將其製成加工特產，為果物尋找另一條出路。烏山的蓮霧、關山的黑糖、野生的紅柴蜂蜜，以及愛文手工芒果乾……，來到南化，怎不叫人口水直流？

　　愛文手工芒果乾，是前鄉長陳金沛從南化老人家土法烘製芒果乾而得到的靈感。當時看著在地人隨手把新鮮芒果放在鍋蓋上用水蒸氣烘烤，不但口感特別，芒果的香氣與甜度也都隨之增加；於是6年前，身為南華觀光產業促進會理事長的陳金沛，開始嘗試製作手工芒果乾。

　　陳金沛堅持選用外銷等級的當季愛文芒果，且芒果的削皮、切片、烘烤等，全靠人工親手完成，使得這股絕佳風味非機器烘製所能比擬，也難怪一上市就造成轟動，且供不應求，還有一年前就先下訂單，深怕晚了就買不到的客人。因為一顆愛文芒果只能做2片芒果乾，加上烘乾後呈現金黃油

南化農特產品除了芒果，還有各式蜂蜜。

廖駿賢的蓮霧大又紅，口感甜度誘人。

📄 info

南華觀光產業促進會（山上烏魚子）
・地址：臺南市南化區西埔里 173 號
・電話：（06）577-3928

新豐養蜂園（紅柴蜜）
・地址：臺南市新市區華美街 21 號
・電話：0921-560-472（陳志遠）

瑞源果園
・地址：臺南市南化區北寮里 48-12 號
・電話：（06）577-2006

飛龍民宿
・地址：臺南市南化區關山里西阿里關 82-2 號
・電話：（06）577-0112

百川黑糖王
・地址：台南市南化區小崙里 66-3 號
・電話：（06）577-5083

亮的扁平狀酷似烏魚子，也因此被暱稱為「山上烏魚子」。

此外，因為南化同時也是龍眼的盛產產地，所以來到這裡，也可找到高品質的龍眼蜂蜜。新豐養蜂園的陳俊男與兒子，就特別以野生的紅柴花，做為採集蜂蜜的重點。紅柴花屬於野生花粉，香氣濃郁又有豐富的葡萄糖，深受消費者喜愛，但價格相對較高。採集地點集中在六龜一帶。

而蓮霧在南化農民高超技術的種植下，全都擁有貴族般的身價。舉凡黑金剛、黑鑽石，或是香水蓮霧，不僅顆顆碩大，且香脆多汁。其中種植蓮霧最成功的，莫過於北寮村的瑞源果園。

瑞源果園的老闆廖駿賢，所種的蓮霧一顆重達 14 兩，大小幾乎等同一個成人的拳頭，不但採有機栽種，且植株位置和剪枝皆配合太陽的照射角度，可謂「蓮霧達人」。尤其從泰國引進的香水蓮霧，水分多、口感似水梨，連泰國人都回頭向臺灣取經。香水蓮霧的採收旺季為5～8月，黑金剛是3～4月及11～12月，而黑鑽石則以

百川的黑糖以自種的有機甘蔗煉製而成。

南化的芒果乾堪稱是芒果界的夢幻逸品。

3～4月較多。因此若想大啖蓮霧的美味，別忘了趁著這幾個時間來到南化，就能一飽口福之欲。

另外，以黑糖打出名號的關山里，早期以種植甘蔗為主，也是製糖的主要地點。當地業者飛龍民宿，在8年前重振製糖產業，自己種甘蔗、自己打造簡單的糖廍，並以傳統的煮糖工法，封住黑糖原始的甜分與香氣，也成為南化重要農特產品之一。

而南化區另一位製作黑糖業者為「百川黑糖王」的林武王。一開始種植香蕉的他，5年前轉為種甘蔗並生產黑糖，因為堅持以自然農法種植甘蔗，所以生產的黑糖受到有機農產品使用者的青睞。「因為吃到肚子裡的東西要美味、也要健康。我們的甘蔗沒有農藥殘留，而且使用春天生長的甘蔗製作，品質最好，口味也最佳。」

林武王的黑糖除了有機，製作工法也非常講究。煉糖的水來自山泉水，富含鉀、鎂等礦物質；而熬煮黑糖的炭火，則是採用充滿香氣的龍眼木材，以孔明鼎熬煮15個小時，才能精煉出黑糖的美味。百川黑糖王的黑糖甜度與香氣襲人，目前的產品包括有黑糖王、黑糖粉、老薑黑糖等。

跳跳生態農場

共譜逍遙奏鳴曲

陽光輕灑的蝴蝶廊道，上演著關於黃裳鳳蝶與小紅鳳蝶成長蛻變的故事；漂亮炫目的幼蟲、靜待生命展翅的蝶蛹，近在咫尺，讓人感動。這是跳跳生態農場為遊客獻上的原始自然萬象，透過蝴蝶的復育繁殖，拉近人與生態間的距離。

跳跳生態農場以生態度假為其特色，坐落在三腳南山下已經超過 22 個年頭，沒有明顯的界線與圍籬，周遊其間，會以為自己身在山野祕境中。一整排斜頂的紅瓦小木屋，像極了童話故事裡的場景，大片的翠綠草坪則是孩童與貓狗、小兔子奔跑的天堂；靜下心來還能聽到八色鳥清脆的叫聲，農場裡的明星「綠啄花」，正以飛快的速度，停在最愛的南美假櫻桃木上。

這裡也有青年學子最喜歡的露營場、攀岩、山訓設施及漆彈遊戲場；也有適合攜家帶眷住上一晚的小木屋。無論是看螢火蟲、找青蛙，或是欣賞蝴蝶飛舞、漫步林間步道看筆直的黑板樹，跳跳農場提供了絕對自然的享受。這裡還種了一千多棵的桑椹，形成一條絕無僅有的桑椹隧道，且每年到了 3～5 月結實纍纍的季節，還可以品嘗免費的桑椹果實。

高人氣的蝴蝶廊道，因為種了蝴蝶幼蟲最愛吃的馬兜鈴，成為黃裳鳳蝶與小紅鳳蝶翩翩飛舞的天堂，也是農場的必訪路線。透過專業解說員的導覽，從卵、幼蟲、蛹到成蟲，蝴蝶的一生成為淺顯易懂、令人驚豔的故事。

這裡還有 DIY 的手作教學，除了地瓜球、果凍蠟燭或竹製蝴蝶外，

農場裡有專業解說員帶領遊客認識生態之美。

農場復育的大紅紋鳳蝶。

info

跳跳生態農場
· 地址：嘉義縣大埔鄉西興村菜瓜坪 1 號
· 電話：（05）252-1529／252-2413

最受歡迎的就是製作葉脈書籤，而農場裡葉形最漂亮的菩提樹葉，就是製作葉脈書籤的最佳首選。先將樹葉浸泡在加熱的鹼性皂水裡，去除了葉綠素後再用牙刷輕輕刮去綠色調，如此就能顯露出交織如網的漂亮葉脈。更棒的是，還能在葉子上留言或蓋印，做成獨一無二的紀念品。

想要大啖美食的遊客，不妨向農場預約其特製的風味餐，無論是香嫩的白斬雞，或是農場自種的佛手瓜等，坐在木棧咖啡座裡，不但能享受一場美食饗宴，還能欣賞滿園的盎然綠意，好不愜意！

坐落在三腳南山下的跳跳農場，是生態豐富的山野祕境。

絕對好宿

玉天雲海山莊

平價享受百萬自然美景

　　沒有華麗的裝潢，卻能坐擁帝王般的視野，無論是清晨的薄霧、雨後的雲瀑、昏黃的夕陽、華麗的夜景，不需昂貴龍椅，僅一方石椅就能盡情享受。位於斗六仔山頭的玉天雲海山莊，距離玉井區10分鐘的車程，咫尺之距就能擁抱自然之美。

　　山莊主人陳忠志是位虔誠的修道者，10年前從臺北搬遷至此，就是因為看中了這裡的寧靜氛圍。一甲地的面積，讓他開始在這裡種起愛文芒果，直到現在，無論授粉、套袋、採收到保存都非常熟練，儼然就是位芒果專家。

　　玉天雲海山莊共有5間客房，

每間都有大片玻璃窗，讓旅客不用走出房門，躺在床上就能看日出、觀夜景。這裡還有露營區，可以體驗天為幕、地為床的自然氛圍。

　　民宿周邊則是斗六仔芒果園，

往左邊有條步道，想到305高地探奇眺望，或是想要一窺老闆的私房祕徑——油加利樹步道，在這裡，無論是聽著風聲、鳥鳴，或是放空思緒、發呆，都是一種享受。

info

玉天雲海山莊
· 地址：臺南市玉井區中正里11鄰中正125號
· 電話：0936-819-258

玉天雲海山莊是欣賞斗六仔美景的最佳地點。

微風山谷民宿 📍

漂流木打造古樸味

在檜木與肖楠木的香氣中醒來，滿屋的原木色調，猶如置身原始林的懷抱，這就是微風山谷民宿留給往來旅人的深刻印象。

微風山谷民宿是由北平社區發展協會理事長呂共法所經營，2層樓的空間是使用八八風災後所留下的漂流木建造而成。殘缺不全的木頭在設計的巧思下，成為民宿的支柱、橫樑及休憩的長桌與長椅，別有一番風味。

民宿共有6間房，通鋪、套房等房型都有。雖然沒有特別的設計，只有簡單的擺設，但整面原木牆讓用心足以勝過百萬裝潢。民宿所在地是理事長的私人土地，

📖 info

微風山谷民宿
·地址：臺南市南化區北平里 72-1 號
·電話：（06）577-4168

旁邊為菜寮溪，一旁的竹林隨風搖曳，很有鄉野氣氛；屋旁特別挖掘的大水池是釣魚的好地方，上頭停泊一葉小舟，有種寧靜與自在之美。這裡也是微風山谷單車道其中一個停駐點，雖目前尚未提供單車租借，但仍歡迎大家自行攜帶單車暢遊社區，體驗當地人文風情。

微風山谷民宿令人彷彿置身山林庭園之中。

使用風災後的漂流木所建造的民宿。

桃花心木林民宿

樂當愛樹植樹人

暮色斜陽，穿過桃花心木冬日稀落的樹枝，尚未爆裂的球狀果實直挺挺的掛在樹梢，但沒個準會在下一秒掉落，開始繁衍生命的旅程。滿地的落葉讓桃花心木林的民宿女主人，每天早上都得將收集落葉當成運動，而落葉，就成了晚上升火取暖的燃料。

民宿的男主人陳滄敏，為了優閒享受退休生活，把從小到大居住的老厝重建，蓋了這棟雙併簡約風格的建築。一開始自住，後來有了與更多人分享家鄉美景的念頭，於是他將原有的 5 個房間進行改裝，成了別具中國古典風格，或有歐式情調的大通鋪及套房，共計可容納

38 名旅客入住，也因此常有團體整棟包下，相當熱鬧。

身為南化里的第一間民宿，陳滄敏考察過附近不少的旅遊景點，包括 3 條長度不一的單車步道。其中風景最美的一條，就是沿著民宿後方的環狀產業道路，騎乘時間約一個小時，除了會經過一段小上坡，其他都位在芒果園丘陵的頂端，視野極佳，可遠眺完整的烏山山脈，還能飽覽漫山遍野的芒果樹，而 3 月的花期與 7 月的結果期，景色更是絢爛迷人。

桃花心木林民宿的最大賣點，就是民宿後方一大片的桃花心木。這些都是陳滄敏與父親親手栽種的，且每棵都有超過 50 年的樹齡，不僅代表父親早年造林的心願，更是值得紀念的傳承。因此民宿的網頁有這麼幾句話：「桃花心木無桃花，清明落葉吐春芽。老幹

3 層樓歐式建築的民宿坐落在桃花心木林中，讓遊客一早醒來就能聆聽鳥叫蟲鳴。

新枝競招展，綠葉細花無年華。」
年復一年，花落葉盡，儘管令人惆
悵，但即將冒出的新芽，卻也帶來
新生命的歡喜。

黃昏與清晨，是散步桃花心木
林兩個最佳的時段，天然的路徑錯
落著擎天巨木，走在其中聽著鳥
鳴、風語，撿拾落葉或落果，或
者學學民宿主人，當個愛樹的植樹
者，為環保盡一份心力。

info

桃花心木林民宿

‧地址：臺南市南化區南化里 32 號
‧電話：（06）577-5098

春天正值桃花心木新葉萌生的季節，紅黃交織落葉紛飛美不勝收。

歐都納山野渡假村

山中歲月真優閒

歐都納山野渡假村內歐風十足的鄉居景觀，讓人心曠神怡。

info

歐都納山野渡假村
· 地址：嘉義縣大埔鄉大埔村 202 號
· 電話：（05）252-1717

使用在地食材變化的風味餐。

園區內大小石刻皆出自名家之手。

剛用過早餐，就有住客迫不及待從車棚牽出腳踏車，準備到曾文水庫旁的湖濱公園御風而行；而另一批遊客則是在小葉欖仁步道裡蹓躂，欣賞佇立在草坪中幾尊栩栩如生的雕像。優閒、自在，正是歐都納山野渡假村用心營造的氛圍。

22 年前，原本以製造發泡棉起家的老闆程育才，在一次的機緣下，意外發現大埔的純樸之美，於是他買地造屋，經營了大埔的第一家休閒度假村。向來喜愛戶外活動與釣魚的他，把這樣的嗜好落實在度假村的規畫，種樹、植花，種上一大片綠油油的草坪，再加上四周環繞的小木屋，讓這裡成為歐風十足的鄉居景觀。

園區內有許多出自名家之手的大小石刻、石材，像是位於大門口的漁人石雕，其意象來自於大埔當地的傳奇人物「鬍鬚伯」，也彰顯出在地居民辛勤刻苦的精神。

原木打造的 12 棟鄉村小木屋，全都使用珍貴的檜木及美國南方松興建而成，也因為選用高品質的建材，也讓這一批在 12 年前就完工的小木屋，迄今依然保養良好。屋內設計偏自然風格；園區內還有種類繁多的鳥類，讓住客可以在愉悅的鳥叫聲中開心醒來。

盧森館是 6 年前新增的住宿區域，連棟的設計散發出歐洲的簡約風格，房間寬敞，每間都有觀景陽臺面向綠樹與草坪，房間內的擺設則使用大埔在地素人藝術家——梅色姐的漂流木檯燈；牆上的掛畫，也從常見的油畫改成鳥類攝影大師陳加盛的作品：叼著蚯蚓的八色鳥、停在樹梢上的朱鸝、天空中翱翔的黑鳶……，彌補了城市旅人不曾看過珍禽的遺憾。

歐都納的在地風味餐，特別聘請中西料理大廚、曾得過新唐人廚技大賽川菜銀牌獎的劉梓民師傅操刀。他選用了大埔的在地食材，像是麻竹筍乾、破布子、百香果

等，並以園區內種植的香草調味，成了道道令人齒頰留香的料理。

因為緊鄰曾文水庫這個大漁場，所以歐都納的新鮮魚貨都來自於此，尤其推薦可用來煮湯或清炒的魚虎，滋味很棒。而女士們特別喜歡的香草料理，就是皮脆肉嫩、會在嘴裡散發淡淡香氣的雞腿；而分量十足的豬排則最受大胃王的喜愛，尤其經過一上午的單車之旅後，更是飢腸轆轆者的最佳選擇。

夜間生態解說導覽，則是歐都納最熱門的活動，尤其是 4 月開始的螢火蟲季，可以跟著導覽員順著湖濱公園旁的賞螢步道慢遊，欣賞求偶中螢火蟲點點閃爍的光芒。

愛玩的老闆還設計了不少好玩的活動，讓遊客在歐都納裡絕不會無聊。會議室成了土風舞的同樂會場，或是在藝術家的教導下，用漂流木製作有原住民圖騰的原木鑰匙圈，或是做個上面寫著自己名字的杯墊，讓遊客帶回一份屬於自己的回憶踏上歸途。

來歐都納享受徜徉在青蔥草原上的單車之旅，讓人忘卻世俗煩憂。

山芙蓉渡假大酒店

曾文溪畔好入眠

紅瓦白牆、椰影婆娑，點一杯雞尾酒，慵懶的享受一場日光浴或打個小盹⋯⋯，若不是一旁的曾文溪潺潺流過，還真會以為自己正處在南洋的某個小島裡。

在山芙蓉渡假酒店裡，極度放鬆就是客人對它的讚許。開業 11 年，以曾文水庫盛開的原生植物山芙蓉為名，每逢秋末冬初，在此便能欣賞到粉紅、白皙的山芙蓉競相綻放。飯店目前由凱撒飯店集團經營，但格局沒有太大變動，服務依舊保有南部人的一派熱情。

飯店裡的 201 間客房，因為面向不同風景而有不同景致，尤其面向曾文溪的一方，有著青山綠水搭配晨霧山嵐，無論晴雨都有不同之美。占地 9 千坪，有超過一半都是戶外活動的最佳場所；兩旁山芙蓉大道的「迎賓道」有上百個階梯，

懶得走也可以開車直抵門口。

飯店主建築以西班牙歐式城堡為主，7 層樓高的住房區後方，則是精心規畫的花香與椰影步道，不時還會飄來桂花的清香。桂花小徑

info

山芙蓉渡假大酒店
· 地址：臺南市楠西區密枝里密枝 102-5 號
· 電話：（06）575-3333

依照季節規畫的美食，食材取自曾文水庫，風味絕佳。

山芙蓉渡假大飯店內的泳池區，是大小朋友夏日最愛的戲水天堂。

紅瓦白牆的山芙蓉渡假酒店，別具南洋風情。

嘿，你到西拉雅打卡了嗎？

飯店為房客準備的祈福許願卡。

前的福德宮據説相當靈驗,是飯店業者從中部的知名廟宇請回安置,也因此飯店貼心為房客準備許願卡,好讓大家祈福許下願望。

穿過椰林大道的泳池區,則是大小朋友最愛的戲水天堂,每到炎炎夏日,嬉戲聲總是不絕於耳。

美食,也是山芙蓉的招牌之一,依季節所規畫的菜單,食材取自曾文水庫,最特別的就是用東山咖啡粉做成醬汁料理而成的蕨菜,口感獨特非常下飯;魚虎則以鹹蛋黃烹調,風味絕佳。

山芙蓉渡假大飯店因為位在水庫風景區內,所以有許多旅遊路線,像是到大壩頂上參觀,或者上梅嶺賞梅、買梅,往南還能到玉井、南化走走,處處都有美景可以欣賞、有景點可以遊玩。

讓旅人魂牽夢縈的好味道

◆ 林秋雄

林秋雄
- 現職：自由顧問、社區大學講師
- 經歷：走馬瀨農場場長、臺南縣農會祕書
- 著作：《南瀛水果誌》、《南瀛農會誌》

提起臺南的農特產，林秋雄宛如一部百科全書般的如數家珍：品質最佳的胡麻油，以大內、善化、西港等產地為主；水果明星芒果，則是從大埔到南化都有種植，而玉井芒果拜土壤與技術之賜，年年受到日本客青睞；175 號公路的咖啡除了香醇，咖啡花淬煉後所帶來的經濟效益更是不容忽視；六甲的香水蓮花早已透過生物技術，成為女性朋友的保養聖品……，這些沒有一樣考得倒他。

「臺南在北回歸線以南，所生產的熱帶水果，如：芒果、木瓜、香蕉、蓮霧、楊桃等，品質高、口碑極佳，但要提升農民的收入，仍需仰賴多方面的研發，例如目前進行中的咖啡果花多重利用，以及新鮮水果加工製品等，而且農業觀光的推廣，也是其中重要的一環。」林秋雄娓娓道來。

西拉雅國家風景區管理處，針對不同的地方特性，推廣農村旅遊，讓農民不必長途跋涉到外地賣水果，而是邀請遊客到自家果園體驗採果樂趣，順便促進水果的購買率。如此用心的把傳統農業轉型成為觀光休閒農業，無論對遊客或農民都是雙贏的加乘效益。

所以，如果想吃芒果，不妨沿著臺 3 線一路慢慢品嘗；若運氣好的話，還能吃到南化非常有名、號稱「山上烏魚子」的愛文芒果乾。若是喜歡楊桃，楠西區甜蜜蜜的密枝楊桃絕對是首選。當然，還有梅嶺的梅子、白河的蓮子……，處處都能讓旅人魂牽夢縈，留下美好記憶。

在地分享

大埔四季美如一幅幅流動畫布

程婉君

程婉君

- 現職：大埔觀光促進會常務理事、歐都納山野渡假村協理
- 經歷：大埔觀光促進會理事長

「維護自然生態，創造寧靜世外桃源。」程婉君簡單明瞭的勾勒出大埔的發展基調。身為歐都納山野渡假村創辦人的女兒，並擔任大埔觀光促進會常務理事，程婉君開拓多元管道，積極推廣大埔在地觀光，更對此充滿無限熱情與使命感。

程婉君指出，大埔擁有豐富的生態與人文景觀，透過觀光協會與西拉雅國家風景區管理處等公部門的合作，持續深度挖掘的旅遊因子，例如珍貴的邊褐端黑螢、紫斑蝶的遷徙路徑；而學習型社區的推動，也發掘多位的素人藝術家，如漂流木創作者趙梅色等，讓大埔在發展竹筍或木瓜等農產業之餘，也多了藝文陶冶的氣息。

另外，利用廢棄竹筏改造而成的行動故事車，帶領遊客飽覽大埔美景，重溫竹管厝的遷移歷史，與紅花園的淒美愛情；而行動舞臺車上，大埔鄉親則熱情以音樂與歌聲，大方分享在地歡樂。

在程婉君的眼中，大埔是一幅四季不停流動的畫布，畫裡有翩翩飛舞的蝶、翱翔天際的黑鳶、美味可口的蔬果、代代流傳的故事……，當然，還有笑臉迎人的親切居民，歡迎每一位遊客的到訪蒞臨。

創造南化觀光美麗春天

📍 陳金沛

陳金沛
- 現職：南華觀光產業促進會理事長
- 經歷：玉井工商主任教官、永安高中教導主任、南化鄉公所祕書、南化鄉鄉長

曾擔任南化鄉鄉長的陳金沛，談起南化就跟談自己家一樣熟門熟路，而目前供不應求的手工愛文芒果乾，就是在他的開發、改良下，創造出芒果精品的美麗春天。

一次偶然的機會，陳金沛耳聞老人家順手在鐵鍋蓋上烘烤的芒果乾口感極佳、且鎖住了芒果的香氣，於是便遵循古法，揀選新鮮的愛文芒果經削皮、去籽、切成兩大片後，再用蒸氣烘烤 14 小時，如此費工製成的芒果乾甜度十足、口感扎實，且外觀金黃亮眼宛如烏魚子般，也因此贏得「山上烏魚子」的美名。

臺南縣市合併後，陳金沛卸下公職，召集南化的農民成立南華觀光產業促進會，致力推廣南化的觀光產業與農產。他更親自走一趟烏山登山步道、考察西拉雅國家風景區管理處所設置的雲山寺休憩設施，也到關子嶺、玉井等地觀摩，對於公部門努力推廣在地特色所投注的心力深感佩服。陳金沛認為，西拉雅兼具景觀與人文內涵，因此除了公部門的協助，若在地農民及業者也能自立自強，齊心發掘並提升產業，相信就能創造雙贏的局面。

每年 6、7 月是陳金沛最忙的時候，因為芒果乾要準備出貨、促進會業務也得跟著推動，但看著他開心的笑容，就會覺得這位前鄉長卸下的不過是個職稱，但那股服務的熱情卻始終如一，精神一直都在。

許鴻文

- 現職：梅嶺風景區發展協進
  會總幹事、梅塢天然
  有機梅園老闆
- 經歷：梅嶺休閒農業區副主
  委及主委

在地分享

打造梅嶺成南部陽明山

◉ 許鴻文

從阿公時代開始就已經落腳梅嶺，許鴻文從小就與梅子、梅樹為伍，也對於種梅很在行，加上他要求以有機農法栽種，所以他的梅子相關產品雖然製程繁複辛苦，但卻廣受消費者喜愛。「我們的梅子是依照傳統方式製作，雖然沒辦法快速製成，但品質卻絕對可以掛保證。」所以，每逢產梅及醃梅季節，睡飽飽對於要求嚴格的許鴻文來說是一件奢侈的事，但是他就像臺灣所有辛勤的農民一樣，把老天爺賞賜的工作努力完成。

許鴻文同時也是梅嶺風景區發展協進會總幹事，他去過西拉雅風景區各個景點考察，對於地方觀光的推廣也非常有想法。他認為，梅峰古道擁有發展成旅遊景點的實力，最值得推薦；關子嶺則因悠久歷史及良好的行銷，得以維持高知名度，而這也是現階段梅嶺最需要補強的地方。

「梅嶺的梅季與螢火蟲季，已經打出知名度，所以下一步就是要挖掘更深度的內涵，才能長年吸引遊客來訪。」許鴻文認為，梅嶺有絕對的條件打造成南部的陽明山，因為這裡的土壤、氣候都適合栽植各種花卉，而他所認養的梅峰古道就在他的努力之下，遍地的野百合、紫牡丹、杜鵑花競相綻放。他也希望在不久的將來，大家都能漫步在繽紛的花道中，讓梅嶺除了賞螢、品梅香外，還能推出不一樣的旅遊行程。

PART, 3

繽紛藝境綠

走在大內、山上、新化、左鎮，若說是趟旅行，
應該更像一場藝術文化的饗宴之旅。
隨處展現族群生命力的綠谷西拉雅、
宛如潑墨山水又似鬼斧神工雕塑的草山月世界、
洗滌心靈塵垢的噶瑪噶居寺、追尋楊逵足跡的新化小鎮、
認識臺灣族群文化的拔馬平埔文物館……，藝文美景俯拾皆是。

綠谷西拉雅

一座「活」的平埔族文化博物館

曾經是臺灣平埔族人口最多的西拉雅族（Siraya），原有的文化及語言，歷經數百年族群融合後逐漸式微。10多年前，萬正雄長老與一群西拉雅的子民，以綠谷西拉雅做為據點，投入族群正名、族語與文化復育活動，希望能持續找回屬於自己的文化。

走進坐落於新化國家植物園後山、隱身蓊鬱林間的綠谷西拉雅，映入眼簾的是小橋、流水、庭園、綠竹，還有茅草搭建的平埔族傳統房舍，蟲鳴鳥叫不絕於耳，野生草莓、小櫻桃隨處可見，宛如一處與世無爭的現代桃花源。

園區主人萬正雄長老表示，這片

綠谷西拉雅宛如現代桃花源。

山林最早是西拉雅族的天然獵場，常見山豬、山羌、飛鼠等野生動物出沒；爾後，他的祖父與父親便在此耕種；現在，則是臺南平埔族西拉雅文化協會與教育中心，收藏各種自製樂器、平埔族老照片、早期農家生活器具，以及西拉雅族的相關文物，讓來此的遊客及戶外教學

的師生們，有認識西拉雅特有文化的機會。萬長老更貼心規畫簡易休憩站和飲食部，販賣自製的鹹粿、南瓜粥及田間野菜等山中美味。

來到綠谷西拉雅，就像踏入一座平埔族文化博物館，也有機會欣賞萬長老親自演奏樂器，或聽他訴說平埔族的老故事。

info

臺南縣平埔族西拉雅文化協會

· 地址：臺南市新化區九層嶺78號
· 電話：（06）580-1217

走過百年風華

　　非假日的午後，新化老街上沒有喧鬧人潮、也不見車水馬龍，若不是一整排保存完好的巴洛克式洋樓矗立，實在很難想像這裡昔日的繁華榮景。

　　舊名「大目降」的新化，早期是平埔族的主要聚落之一。明鄭時期，隨著漢人逐漸增加，平埔族的活動範圍便開始外移；到了清乾隆末年至嘉慶中葉，街市開始成形、市景日漸繁榮；日治時期，因為位居通往府城的交通樞紐，遂成人聲鼎沸的盛況。1921 年，新化西邊街，也就是現在的中正路 435 號，出現了第一幢仿巴洛克式的建築，氣派新穎的洋樓引人矚目，也使得鄰人陸續仿效興建，因此造就了新化別具代表性的西洋樓商店街。

　　曾幾何時，繁華商店街變成沒落的老街，華麗的巴洛克建築也不敵歲月摧殘，一度面臨拆除命運的百年古蹟，終於在 1999 年開始進行美化重建工程。現在老街的兩側，還保留約 50 幢的建築：西邊屬巴洛克風格洋樓、東邊則屬現代主義式建築，從其中仍具特色的立體浮雕和裝飾，依稀可見過往的光景。也因此，新化老街曾在文建會主辦的「歷史建築百景票選」中獲得第二名的殊榮。

　　漫步老街，不妨細細品味老洋樓的建築與藝術，歷史悠久的百年米店、老餅舖，全都值得玩味。

老街上的巴洛克式建築洋樓，引人回顧昔日歲月的繁榮。

楊逵文學紀念館

收藏新化人的驕傲

「這一生我的努力，都在追求民主、自由與和平。我沒有絕望過，也不曾被擊倒過……，」這是臺灣文學家楊逵自述中的一小段話。一生提倡人道主義的社會運動者，日治時期曾多次被捕入獄；二二八事件後，則因發表「和平宣言」一文，在綠島度過長達 12 年的囚禁歲月。

楊逵面對挫折更加振作，其代表作《關不住的春光》正是此精神的最佳寫照。小說後來更名為《壓不扁的玫瑰》，目前被收錄於國中的國文課本裡。

新化是楊逵的故鄉，楊逵則是新化的驕傲。在楊逵文學紀念館可以近距離接觸這位文壇戰將不平凡的一生。興建於 2005 年的紀念館內，珍藏了他在獄中所寫的家書、手稿，以及妻子葉陶與家人照片等歷史資料。館方還會不定期舉辦各項活動，像是藝文講座、音樂節、馬拉松賽跑等，處處體現楊逵生前關懷社會的精神。

楊逵雖然年輕時就離開家鄉，晚年則在東海花園度過，但是新化的鄉親，始終不曾忘記這位新化人的驕傲。建議遊客參觀完紀念館之後，可以依循「楊逵文學路」的旅行地圖，走訪作家的國小母校、兒時遊樂處或是工作地點，找尋他昔日的生活點滴。

紀念館收藏文學偉人楊逵不平凡的一生。

📄 info

楊逵文學紀念館
· 地址：臺南市新化區中正路 488 號
· 電話：（06）590-8865

館內展示許多楊逵生前的文物、手札、照片等珍貴史料。

噶瑪噶居寺 📍

藏傳佛教之寶

　　走進噶瑪噶居寺，沿著清芬菩提道前行，兩旁桂樹傳來的陣陣清香與寧靜祥和的氛圍，讓心情不由自主的跟著沉澱下來。

　　這座全臺最大的藏傳佛寺，更像是座佛教藝術博物館，因為無論是宏偉的建築、莊嚴的佛像，或是堆繡唐卡、細膩彩繪、佛傳玉石壁畫等，處處都值得旅人細細品味。

　　1985 年建成的噶瑪噶居寺，主要建築體包括：香光院、文殊院、如來殿、舍利塔、財神窟及小神廟。來到這裡，不但可以享受看建築、品藝術、賞文物的樂趣，優遊其中更讓人有種置身西藏的錯覺。

　　融合漢藏建築藝術之美的如來殿，處處都是驚喜。殿門上方的佛像彩繪，是西藏畫師仰臥在高架上，費時半年所完成的作品，精細的筆觸與技巧令人讚嘆。此外，融合藏族特有的民間工藝和繪製技巧的堆繡唐卡，色彩繽紛絢爛，充滿旺盛的生命力。

　　七佛是這裡的鎮殿之寶，由石雕藝術家王秀杞以義大利白色大理石所雕鑿而成，每尊的神情、

如來殿的釋迦牟尼法像是全臺最大室內佛像。

★★ 特寫仁波切

仁波切一詞源於藏文，原意是「珍寶」，中文則有活佛或上師的意思。噶瑪噶居寺的創辦人為第三世洛本天津仁波切，1991 年被認定是轉世活佛，並由夏瑪巴仁波切親自來臺，認證其法脈，並在印度錫金隆德寺為其舉行坐床大典，成為第一位受到認證的臺灣白教活佛。

洛本天津仁波切本名魏呈祥，1960 年生於臺南永康，25 歲時全心投入佛教修行，並於 1986 年 11 月前往左鎮關山創建噶瑪噶居寺。50 歲時，洛本天津仁波切自在捨戒還俗，讓自己擁有更多的時間照顧弱勢，在生活中幫助每一位修行者。

手印各不相同，呈現莊嚴的神韻。另外，承襲古印度阿育王時代的佛柱造型，並加以變化的十八銅柱，象徵佛陀的 18 種功德，據說以額頭輕觸，就能獲得無量福報。

如來殿內的釋迦牟尼説法像，是全臺最大的室內佛像，高 16 公尺的佛陀宛如一座大型藝術作品，眉心的 300 顆鑽石更是璀璨耀眼；四周的彩繪壁畫雕工細膩，同樣吸引遊人駐足讚嘆。

來一趟噶瑪噶居寺，就算不懂佛法、不是密宗，也能感受心靈與視覺的啟發。寺內的一草一木、藝術品般的佛像、細膩的彩繪，無不令人驚豔感動。

info

噶瑪噶居寺
· 地址：臺南市左鎮區左鎮里 91-2 號
· 電話：（06）573-2103

噶瑪噶居寺的每個角落都蘊藏佛祖語言，吸引許多遊客來此感受心靈力量。

草山月世界

愈孤寂愈美麗

俗稱「惡地」的草山月世界，一年四季皆有迷人之美。

嘿，你到西拉雅打卡了嗎？

有人說它是不毛之地，卻也有人驚豔它的地形之美，而這就是草山月世界迷人之處。不同季節造訪，總有不一樣的視覺感受，因此吸引眾多攝影愛好者，用鏡頭捕捉它剎那的永恆。有「惡地」之稱的草山月世界，是由砂岩與頁岩構成的青灰岩地形，地質乾燥堅硬，但遇雨就會鬆軟。光禿禿的山脊、稜角分明的線條，就像是上帝刻意的雕琢。

沿著岡林村往草山月世界的路上，特殊的泥火山、半面山、斷崖等地形，引領旅人進入神祕的國境。白堊土因含鹽量極高，一般草木難以生長，耐旱的刺竹便成為此地少數能適應的樹種，並隨著季節變換顏色，冬天枯黃、春天轉紅，夏天則又回到生氣盎

青灰岩地形景觀彷彿是上帝巧手雕刻。

然的翠綠，為灰色一片的月世界增添絢爛色彩。想要欣賞美麗的彩竹，3～4月是最佳時間點。

想一探草山月世界全貌，308 高地是最佳首選。站在海拔 308 公尺的制高點，壯闊景致盡收眼底；南

info

草山月世界交通指南
國道 3 號接國道 8 號新化交流道下→左轉接臺 20 省道中山路直行→右轉接臺 20 乙線省道直行→右轉南 168 線直行→左轉南 171 直行→草山月世界。

草山 308 高地景觀餐廳
· 地址：臺南市左鎮區草山里 113 號
· 電話：（06）573-0097

北縱走的草山稜線，勾勒出原始風貌，白堊土的地質讓人宛如置身月球表面的錯覺。

308 高地還有個美麗的故事，相傳日治時期有位女子每天在高地遠望，期盼出海情郎歸來，卻始終不見蹤影，後人也稱這兒為「望哥臺」。若錯過彩竹美景，月世界的日出、雲海、夕陽同樣令人讚嘆；玉女峰、小玉山、滾水窩、飛燕關也絕不會辜負此次行程。

★★ 草山 308 高地景觀餐廳

有愈來愈多的土雞城聚集在 308 高地周邊，儼然成為在地的特色。開業至今 16 年的草山 308 高地景觀餐廳，是草山的第一家土雞城。店老闆洪連和是鄉民代表，當初響應農村青年返鄉政策，回老家開創出一番新的事業，也讓當初人煙罕至的月世界，漸漸成為熱門的觀光景點。

餐廳供應多達 20 幾種的土雞料理，其中黃金雞和鹽焗雞是人氣招牌。選用放養土雞焗烤，僅用鹽巴調味，就能品嘗雞肉的香甜。其原因在於土雞被宰殺的前一個星期，會刻意餵食麥片讓土雞稍微瘦身，如此肉質就會變得扎實，也能降低油膩感。金黃色的外皮酥脆中帶有焦香味，和 Q 嫩的雞肉形成完美搭配。

臺南市自然史教育館

平埔文物各有精采

蜿蜒的菜寮溪緩緩流經左鎮山林，時光的流逝也像河水般的不捨晝夜。但在 1971 年，菜寮溪發現了 3 萬多年前的人類頭骨化石，被命名為「左鎮人」，從此，菜寮溪河床成了撿拾化石的寶地。

想要了解更多與化石相關的故事，前往左鎮的自然史教育館，就能有豐富的收穫。臺南市自然史教育館的穆翠玲說，現在的一樓已經規畫成特展區，每隔一段時間就會更新展覽的主題，而展出的內容都與化石有關。

提起菜寮溪的化石，就不能忘記被稱為「化石爺爺」的陳春木先生。從小在左鎮長大的他，是

自然史教育館中仿平埔族建築的茅草屋，可一窺平埔族日常生活。

第一位在菜寮溪發現古象化石的人，他的研究更涉獵歷史、人物、產物、化石等範圍。館內 3 樓的化石爺爺專區，詳細介紹他用一輩子發現臺南的過程，泛黃老照片裡，除了可見菜寮溪的今與昔，還能感動他那熱愛鄉土的情懷，以及努力找尋古蹟文物與化石的蹤跡。

左鎮是平埔族的重要聚落，在自然史教育館中，也能參觀與平埔族相關的展覽。而在化石爺爺紀念區的另一側，則展示著一棟仿平埔族建築的茅草屋及文物。看著那些已經鏽蝕褪色的飾品，歲月的痕跡隱藏不住，但每一個珍貴的館藏，都給旅客無限的想像空間。

 info

臺南市自然史教育館
· 地址：臺南市左鎮區榮和里 61-11 號
· 電話：（06）573-2385

拔馬平埔文物館

認識臺灣族群的入門磚

走入拔馬平埔文物館，一張老照片、一個舊文物，都在述說著當年的一段故事，也帶著我們重溫那消失的歷史片段。

拔馬，左鎮的舊地名。拔馬文物館的現址，則是拔馬教會的舊址。140 年前，英國醫師馬雅各在南臺灣宣傳福音，拔馬教會就是當時他所創辦的教會。

文物館牆上的老照片，都是當年傳教時，與英國攝影師約翰·湯姆生於各地拍下的珍貴畫面。雖然都只是些複製的圖像，卻把遊客一下子拉回到1871年的時光……，一群在芭蕉樹下休憩的平埔族人、站立在屋前的平埔族少女、剛落成

拔馬平埔文物館原先是拔馬教會，帶領遊客初步了解平埔文化。

的拔馬教會等，都是左鎮舊時期的歷史證明。

牆上的買賣契約書，也是另一個平埔族人在左鎮生活的證明。哀、買、兵、萬、標，這些一般人覺得特殊的姓氏，對平埔族人來說卻很稀鬆平常。而館內牆上，懸掛著兩幅清朝光緒年間的買賣

契約，其中一份卓猴社契約，上面寫著「1886 年（光緒 12 年）卓猴社兵沙娘將社內土地賣給親戚兵吁喃」，這裡提到的兵家，可是當時的富賈人家；而另一側牆角，則擺放著一座大清帝國時期的石刻墓碑，上面刻著買氏的字樣。透過這些文物，平埔文化再次被看見。

info

拔馬平埔文物館
· 地址：臺南市左鎮區左鎮里 128 號
· 電話：（06）573-1076

神祕的阿立祖公廨

阿立祖（太祖娘娘、太祖媽），原是平埔族的主要信仰，漢化之後，平埔族的文化漸漸消失。目前左鎮的平埔族，幾乎90％以上都是虔誠的基督教徒。

現今的左鎮，仍有許多的阿立祖公廨，對漢人來說，特殊的祀壺信仰帶著神祕色彩，耆老口中流傳的阿立祖故事，也總是令人心生敬畏。在臺20線外環道上的橫山古樹林間，有座阿立祖公廨，建議遊客不妨抱著好奇的心，走入古樹林中探索。岔路口的指示牌斑駁鏽蝕、難以辨認，若不是一旁民宅住戶的提點，實在很難發現這座隱藏在濃密樹林中的公廨。

翻修後的阿立祖公廨，仍是重要平埔族文化資產。

遍布老樹的林間古時是過路人休憩之處，因此樹下和草叢間，成為許多人的「方便」之所。因這些無意的冒犯觸怒了神靈，所以常發生無法解釋的奇異事件。為了表示對阿立祖的敬意，於是在林間蓋了公廨祭祀。現今的公廨是經過重新翻修後的建築，早已不見古時樣貌；公廨內祭壇上，寫著「太祖娘娘」4個字，神案上有香燭、角落卻放著祀壺，顯示不同族群的信仰習慣已漸漸相互融合。阿立祖不僅是種信仰，更是珍貴的平埔文化資產，需要我們一起尊重與維護。

 info

橫山古樹林交通指南
由左鎮區睦光里 26 號旁的小徑即可前往橫山古樹林。

臺南水道 📍

臺灣自來水演進工程見證者

行經市道 178 號旁，稍不留意就會錯過坐落在大馬路旁的這棟百年古蹟。推開大門，一時之間找不到出入的路線，但穿過椰林大道往前直行，就會發現這裡別有洞天。綠草如茵、大樹成蔭的院落，幾棟混合羅馬式與巴洛克式風格的老舊建築，透露出百年歲月的痕跡。

建於 1912 年，耗時 10 年竣工的臺南水道，是當年供應大臺南地區自來水的主要水源地，雖然現在已經功成身退，但其珍貴的文化資產和旅遊價值，仍受到相關單位的重視，因此，目前正展開第一階段的

羅馬與巴洛克風格建築，展現百年歲月風華。

臺南水道原為供應大臺南自來水的水源地。

★★ 臺灣水道之父──濱野彌四郎

被譽為臺灣水道之父的濱野彌四郎（1863～1932 年）生於日本千葉縣，東京帝國大學工業工程部畢業。1896 年，濱野彌四郎以英國人威廉・巴爾頓的助手身分來臺，擔任臺灣總督府土木部技師。在臺工作的 23 年間，陸續參與並完成基隆、臺北、臺中、臺南等地的重要水道計畫，對於臺灣水道貢獻良多。

興建烏山頭水庫的技師八田與一，是濱野彌四郎的優秀部屬之一，為了紀念上司的事蹟，八田與一曾在山上淨水場設立碑文與銅像，但光復以後銅像卻下落不明。2005 年，奇美集團董事長許文龍感念濱野提供臺灣人民衛生用水環境的卓越貢獻，於是重新打造濱野彌四郎的銅像，放置於原始的基座上，供後世緬懷瞻仰。

📍

修復計畫。

占地 57 公頃的臺南水道，有水源地和淨水區 2 大區域。目前水源地仍保留當年的快濾筒、天井移動起重機，以及豎軸式電動機組；而有著迴廊的紅磚建築則是當年的辦公室，廢棄的桌椅、老舊的櫥櫃，站在這裡時間彷彿從此停止。此外，也因為這裡是不受人為破壞的水源保護區，所以生態極為豐富，使得水源地裡的羅漢松群、雀榕包樟樹、木麻黃、龍眼樹、構樹等老樹成林。

淨水池的外觀，是利用天然石材和砂漿打毛鋪貼於表面的仿石塊，宛如一座堅固碉堡；而荒廢許久的淨水池內部因為陰涼幽暗，現在已經成為臺灣葉鼻蝠的棲息地。

淨水區外則擁有大片的相思林，每年的 5 ～ 6 月，處處點綴著金黃色小花格外美麗。

ⓘ info

山上淨水場（臺南水道）
‧地址：臺南市山上區山上里 16 號
（目前尚未開放，參觀者需先上網申請 www6.water.gov.tw ）

占地廣大的淨水場生態豐富、風景秀麗。

山上天后宮 📍

玉二媽守護鄉民 300 年

　　金碧輝煌的廟宇內，玉二聖母在此守護山上居民 300 餘年。原本只是一間由草舍搭建的簡單廟宇，清朝光緒年間遷建於現址，歷經多次修建後，才有了現今的格局。

　　香火鼎盛的天后宮，慕名前來的信眾絡繹不絕。大殿正門的對聯鐫刻著「天心興宇宙萬古油煙永薦，后範耀乾坤千秋俎豆馨香」。

　　殿內的穹頂樑柱、結網式藻井雕工精緻；兩側牆上的壁飾彩繪，一筆一畫盡顯細膩。

　　山上天后宮主要供奉玉二聖母，順風耳和千里眼左右護衛栩栩如生。牆上有許多歷經歲月洗禮的牌匾，而廟裡牆上的舊照片，則訴說著過往的整修史。讀著踏水渡河、麻豆社仔收服壁虎精的聖蹟，玉二聖母救人救世的故事仍令人回味無窮。每年農曆 8 月 15 日為玉二聖母聖誕千秋，祭祀酬神熱鬧的慶典活動，亦成為山上的地方盛事。

📖 info

山上天后宮
‧地址：臺南市山上區山上里 121 號
‧電話：（06）578-1077

順風耳、千里眼神態英武，饒富動感。

天后宮雕樑畫棟、金碧輝煌，吸引各地香客朝聖參訪。

開靈宮 📍

聽老人訴說老樹傳奇

夏日午後，孩童在老樹下玩起念咒請神的遊戲，豈料竟成真，被附身的孩童自稱「九天提督樹德天王」，因奉旨出巡行經南洲村，見此老樹與祂有緣，於是便囑咐村民奉祀膜拜。老樹被奉祀後，靈驗的事蹟不斷發生，於是 1764 年（清乾隆 29 年），村民取其枝幹雕刻金身，建廟奉祀。而現在的建築，則是 1965 年所重建的樣貌。

開靈宮是全臺唯一供奉樹德尊王（樹王公）的廟宇，廟後方的雨蘭松，就是樹王公指示奉祀的百年老樹。每年夏天雨蘭松開滿金黃色花朵，若旅遊行經至此，不妨和樹下乘涼老人聊天，聽聽傳奇故事。

📌 info

開靈宮
· 地址：臺南市山上區南洲里 158 號
· 電話：（06）578-1516

開靈宮肇建至今，歷經多次整建，今為 1965 年重建之全貌。

南寶高爾夫俱樂部

與自然和諧呼吸

剛踏進南寶高爾夫球場，目光就會被一個醒目的看板所吸引，看板上的「有機生態球場」字樣讓人好奇。什麼是有機生態球場？有機農場不稀奇，有機球場倒是顯少聽聞。

原來，此一球場使用有機栽培及生態工法，打造出零汙染、無毒、無農藥的環境，遂成為亞洲第一家通過 Ecocert Eco-sustainable Golf 驗證的有機球場。也正因為無毒、無污染，讓鳥兒也愛上這裡的環境，更保留了許多自然生態。

占地 120 甲的高爾夫球場，就像一座大型的森林公園，有曾文溪野溪支流流經，與外圍的原始樹林相呼應；順著自然地勢起伏的球道，兩側種植桃花心木、樟樹、臺灣櫸木、南洋杉、蒲葵、肖楠及羊蹄甲等樹種，放眼望去處處皆是風景。

此外，這裡還有不絕於耳的鳥鳴聲，黃鸝、綠繡眼、麻雀爭先高歌，彷彿演奏著大自然的交響樂章，讓球友們打起球來，也格外輕鬆愉悅。而球場裡 A 區第 3 洞旁的竹林裡，還可看見數以千計的白鷺鷥，一團團白花似的牠們，有時還會呼朋引伴到球道上優閒覓食，因為這裡不受干擾又沒有汙染，早已成為牠們落腳的家。

info

南寶高爾夫俱樂部
· 地址：臺南市大內區頭社里 136 號
· 電話：（06）5763-829

南寶高爾夫俱樂部是少見的「有機生態球場」，無毒、無污染。

有故事的古蹟餐廳

在人文歷史風貌豐富的新化老街上，矗立著一棟仿歐洲文藝復興晚期的戲院外觀、圓弧形門廊上立著「街役場」3 個字的特色古蹟餐廳，在這裡，能親自體驗坐擁日式風情的氛圍。

新化街役場興建於 1934 年，光復後改制為新化鎮公所。這棟巧妙揉合中西式樣的建築，工藝精巧、結構堅固，雖然曾經歷 1946 年的新化大地震，至今仍舊屹立不搖。

躲過了天災的新化街役場，卻在 12 年前因為都市更新計畫及地下停車場的興建，面臨了被拆除的命運。為了保住這棟全臺唯一的日本街役場，2,000 多位鄉民同心協力，將重達 650 噸的建築物挪移了 300 公尺，不但保留了一段珍貴歷史，也為守護古蹟寫下佳話。

坐在古意盎然的餐廳裡，處處可見歷史軌跡。當年千人移厝的斷繩，仍掛在入口處左側的白牆上，紀念當時大夥的齊心協力；強化玻璃鋪設而成的藍色透明地板上，寫著「移厝～乾坤大挪移」的字樣；空間裡的另一個角落，則仍保存移厝時所用的巨大繩索。

老建物結合現代美食，讓旅客在緬懷過往的同時，也開始書寫一頁全新的故事。

建於日本昭和時代的街役場，現在是古意盎然的古蹟餐廳。

📘 info

新化街役場
· 地址：臺南市新化區中正路 500 號
· 電話：（06）590-5599

葉陶楊坊 📍

將文學融入生活料理

　　葉陶，一位在文學家背後默默付出的偉大女性。在丈夫楊逵入獄 10 餘年的漫長歲月裡，她一肩挑起家庭重擔無怨無悔。不只如此，葉陶還是當時極少數的女性社會主義運動者，曾於日治時期參與許多農民運動，使得日本人稱她是「土匪婆」。

　　爾後的近代，一位牙醫師夫人和一位高中校長，兩人在楊逵的文學中遇見葉陶，被她的樂觀堅強深深感動，因為覺得不該讓她一直隱藏於丈夫身後，於是兩人憑著一股浪漫的情懷與實現夢想的勇氣，聯手打造了以葉陶為名的庭院餐廳葉陶楊坊，期許將楊逵的文學以更貼近人心的方式，融入飲食與生活之中。

　　在這個充滿文學氣息的空間裡，無論是品嘗美味的臺菜料理或是輕鬆喝個下午茶都別具氛圍；花木扶疏有南洋風情的庭園，則讓客人彷彿置身楊逵晚年生活的東海花園。 庭園小路是一條可以通往新化高中的「楊逵文學步道」，走在 150 公尺長的林蔭大道上，楊逵的一首詩、一張照片，無不都是新化人的驕傲。

　　這裡最受好評的點心，就是以地瓜製作的創意糕點「葉陶貴」，這是餐廳為了紀念葉陶女士，特別在她 104 歲冥誕時研發的商品，綿密滑順的口感，佐以新化生產的地瓜內餡，好滋味令人齒頰留香。

📍info

葉陶楊坊
・地址：臺南市新化區信義路 54-1 號
・電話：（06）590-8000

餐廳內典雅的設計展現優雅的文學氣息。

王家燻羊肉 📍

重現阿嬤的古法燻補味

寒冷的冬夜，吃著阿嬤調製的「燻補」羊肉，全身瞬間溫暖起來。在那個物資貧乏的年代，一年難得吃上一次的燻補，是王錦泰兒時難得的幸福回憶。但隨著放羊人家的「燻補」習俗逐漸消失，阿嬤的古早味做法也跟著漸漸失傳。

從事羊肉生意 20 多年的王錦泰，10 年前開始嘗試想找回這殘留味蕾的難忘好味道，於是經過多次的實驗和失敗，總算成功讓記憶中的「燻補」復活，更一舉打響王家燻羊肉的名號，成為新化在地的知名美食。

因為從小務農、養羊的經驗，王錦泰非常熟悉羊的習性，因此專挑沒有羊騷味、2～3 歲的臺灣野放山羊，連皮帶骨放入特製陶甕中，加上 10 幾種獨家中藥配方倒入米酒，再以黏土緊密封蓋、用稻穀包覆甕口，悶燻一天一夜，就成了一道香味四溢、軟嫩 Q 彈的燻羊肉。且因中藥材比例配合季節調整，所以不分寒暑皆能大快朵頤。

堅持傳統的王錦泰自信滿滿的表示，即使是害怕騷味而不敢吃羊肉的客人，只要吃上一口王家燻羊肉，保證會再吃第二口，且欲罷不能！

《本草綱目》記載：「羊肉能暖中補虛，補中益氣，開胃健身，益腎氣，養膽明目，治虛勞寒冷，五勞七傷。」各位客倌，要不要也來上一碗呢？

📄 info

王家燻羊肉（南屏休閒農業村）
· 地址：臺南市新化區大坑里 121 號
· 電話：（06）594-1393

王家燻羊肉以獨門藥材配方搭配古法熬製而成。　藥材依季節調整，所以不分寒暑都能大快朵頤。

山上古早味黑糖

絲絲甜蜜湧心頭

曾經消失一甲子的傳統製糖工法，如今在山上社區再度重現。原料來自於無農藥、無化肥的有機白甘蔗，遵循古法製成的古早味純手工黑糖，如今搖身一變，成了山上的地方特產。

山上區自古就是甘蔗的重要產地，早期糖廠林立，後來隨著糖業的沒落，製糖產業日漸式微。為了推廣農村在地的社區產業發展，山上社區發展協會近幾年來積極推廣在地農特產業，利用自產的有機白甘蔗，製作出品質優良、健康美味的純手工黑糖。

山上區山上社區發展協會理事長李海石表示，純手工黑糖的製

info

山上區山上社區發展協會
· 地址：臺南市山上區山上里 134 之 1 號
· 電話：0937-399-307

純手工黑糖製作過程費工費時，卻因此保留了自然的健康美味。

作過程相當費工，甘蔗榨汁後，經過長時間熬煮、去除水分、過濾雜質、冷卻等步驟，變成濃稠膏狀的半成品後，還需在太陽底下曝曬 2～3 天讓它風乾定型。由於製作過程完全不添加石灰等化學成分作為凝固劑，因此黑糖的色澤金黃，且帶有甘蔗天然的香甜。

黑糖並非精製糖，所以比起白糖和冰糖，保有更多的礦物質和維生素。而山上區的古早味純手工黑糖，有「原味」和「薑味」兩種，皆可當成調味品，例如烹煮甜湯、沖泡咖啡，也可以直接放入熱水中沖調成冷、熱皆宜的飲料。來山上，有「甜頭」可嘗，真好！

山上農會水果酥 📍

口口吃得到酸甜果香

好吃的水果酥，是田媽媽的拿手點心，嘗一口山上水果酥，酸甜滋味令人回味無窮，而現在更成為山上農會熱賣的伴手禮。其實，田媽媽是山上農會家政班二度就業的婦女們，用山上的大姓「田」統稱為「田媽媽」，聽起來格外親切，也代表著品牌的象徵。

田媽媽的水果酥，外型口感與一般鳳梨酥相類似。每次一接到訂單，田媽媽們便在農會家政班裡，忙著處理山上區所生產的新鮮水果，讓這些新鮮美味用另一種口感呈現，而這也是山上區農會行銷當地農特產的好創意。

山上區因屬丘陵地形，且數百年來居民大多務農為生，所以仍種植許多像是鳳梨、木瓜、芒果、西瓜及火龍果等農產。而農會熱賣的鳳梨水果酥，就是利用當地的鳳梨加糖熬煮後再添加冬瓜，製成酸中

田媽媽的水果酥外型口感與鳳梨酥相似。

水果酥禮盒成為來山上必買的伴手禮。

帶甜的餡料，搭配上濃濃奶香味的外皮，完美呈現甜品的美妙滋味。

除了鳳梨酥，配合芒果、桑椹的產季，田媽媽們也會製作芒果酥和桑椹酥，提供遊客更多口味的選擇。現訂現做的水果酥，嘗得到自然與新鮮，吃過的人都會說讚！

📄 info

山上區農會生鮮超市
· 地址：臺南市山上區山上里 238 號
· 電話：（06）578-3709

一品清冰枝店 📍

三色冰頂港、下港都出名

除了媽媽的味道，哪裡還能找到那近 60 年都沒變的懷念滋味？南洲里阿燕姨的招牌冰枝及手工炒冰，真材實料，數十年不曾走味。76 歲的阿燕姨，名氣比店名還響亮，經營了快要一甲子的老店，同時掛著「一品清冰枝店」和「阿燕姨冰枝店」兩個招牌。

沒有漂亮的裝潢，小小的店面擺放著一台骨董級的日式製冰機，所有的冰品都靠著這一台老機器製作而成。店內的冰品種類，則有特製冰棒（也就是冰枝）、飲料以及雪冰。

非吃不可的白、褐、黃三色冰，分別代表牛奶、巧克力及鴨蛋 3 種

阿燕姨堅持用最好的原料製冰，口碑傳千里。

三色冰是店內的招牌冰品。

口味，阿燕姨堅持使用最好的原料，不添加人工香料和色素，所以好味道深受顧客喜愛；而以新鮮鳳梨熬煮湯汁所製成的鳳梨冰枝，酸甜滋味也非常受到青睞。

和三色冰同屬店內招牌的雪冰，則是使用紐西蘭奶粉及新鮮鳳梨作為主要原料，在冷凍槽內不斷

翻炒 3 個多小時以上，才能擁有如雪花般的綿密口感，拌合淡淡奶香和鳳梨清香，爽口不甜膩，是最佳消暑聖品。臉上總帶著招牌笑容的阿燕姨，為了不讓老顧客失望，還將製冰的手藝傳給臺大電機系畢業的長孫，希望能讓這傳統的古早味，繼續邁入下個世紀。

 info

一品清（阿燕姨）冰枝店
· 地址：臺南市山上區南洲里 60 號
· 電話：（06）578-1235

善化胡麻油 📍

飄香傳千里

聽說善化有位孫爺爺，每天早上都會吃上一碗胡麻清油拌麵線，高齡 113 歲的他身體還是非常硬朗。看來，這傳說中的飄香好味道還能延年益壽，如果屬實，那麼來到善化肯定非吃不可！

甘醇、清香，是善化胡麻油的一大特色。善化區農會使用改良過的臺南一號胡麻品種當成原料，

且榨油過程嚴格控制一定的溫度，避免高溫造成氧化作用，使得胡麻油產生苦味。

善化區農會總幹事洪錦秀表示，善化的胡麻油依循古法製作，使用新鮮胡麻，以高溫烘烤後再壓榨成油。由於製作過程避開了蒸、煮的步驟，因此成品完全不含水分，不僅增加了保存的期限，也

📇 info

善化區農會展售中心
‧地址：臺南市善化區嘉北里茄拔 352-10 號
‧電話：（06）583-7249
（胡麻節請上網查詢 www.sh-fa.org.tw）

讓胡麻油的香氣更加濃郁。另外，把胡麻炒至 3～4 分熟，再以冷壓製作方式，即可提煉出價值更高的胡麻清油。胡麻清油適合涼拌，也可以直接少量飲用，是種對身體有益的好油。

胡麻就是芝麻，含豐富的芝麻烯醇、豐富的花青素、硒、維他命 E 等，具有防癌功效，製成胡麻油後營養成分更易被吸收。

為了推廣在地產業，善化區農會每年都會舉辦「麻油香 in 善化」活動，包括胡麻文化之旅、創意胡麻美食料理、文藝宣導活動等，吸引遊客聞香駐足。

善化胡麻油甘醇清香，涼拌煎炒都非常適合。

新市農會毛豆冰淇淋

創意冰品解膩爽口

吃起來像冰沙又像冰淇淋，散發著淡淡的毛豆香氣及翠綠色澤，還可以吃得到顆粒狀的毛豆果肉，層次變化豐富，讓人顛覆對於毛豆的既有印象。

這款由新市區農會研發，靠著口耳相傳成為筵席必備甜點的毛豆冰淇淋，讓毛豆有了全新的樣貌與吃法。新市原本就有「毛豆故鄉」之稱，所生產的毛豆顆粒飽滿甘甜、色澤鮮豔，且有90%以上外銷至日本，成了爽脆可口的拌酒菜。在早期物質貧困的年代，平埔族人就懂得利用高營養價值、且蛋白質豐富的毛豆，替代不易取得的肉類營養素。

新市素有「毛豆故鄉」之稱，而以毛豆製成的特色商品豐富且多樣化。

新市區農會總幹事李朝塘表示，毛豆冰淇淋美味的製作祕訣，在於毛豆經過採收、清理後，必須急凍保存，之後再配合市場的需求量製成冰淇淋，這樣不僅能鎖住原料的新鮮與養分，還能保持道地的風味。加上毛豆屬於鹼性，可以中和食物裡的酸性，所以飯後吃上一杯，去油解膩又爽口！

配合9～11月毛豆採收季所舉辦的「新市毛豆節」，每年都會邀請大夥前來體驗這「臺灣綠金」的魅力。活動內容豐富，有豆豆田園寫生、農夫體驗營、毛豆公主選拔、毛豆飾品DIY等，讓遊客吃喝玩樂一次滿足！

 info

新市區農會生鮮超市
· 地址：臺南市新市區中興街14號
· 電話：（06）589-9888

新化國家植物園

健康漫步自然樂活

被稱作「臺南市後花園」的新化國家植物園，舉目所見都是青綠一片，迎面拂來的風，彷彿也帶著青草香氣。暖暖的陽光午後，4 歲的喜妹躺在休閒會館的門口睡午覺。這隻體重 250 台斤的大號迷你豬可是園區人氣王，無論大、小朋友都非常喜歡牠。

占地 370 公頃的植物園，原本是中興大學的實驗林場，也是臺灣唯一的低海拔亞熱帶林場，更是休閒度假的好去處。新化國家植物園擁有全臺最大的桃花心木林，因此每逢 4 月來到這裡，就能欣賞隨風飛揚、充滿詩意的桃花心木落葉；而同一時間來到這裡，還有螢火蟲可以欣賞。5 ～ 10 月則是賞蝶的最佳季節，也因此植物園的步行路線上，隨處可見鳳蝶最愛吃的馬兜鈴，可以想見這裡鳳蝶漫天飛舞的美麗景象。

沿著曲折的沖瀜池優閒漫步，規畫完善的步道有許多樹種值得停下腳步細細欣賞。像是名為「胭脂古道」的步道，兩旁種滿了柚樹，是昔日西拉雅族人進出部落的必經之路，來去之間，交織出不少動人的故事。

園區內有座小土地公廟，除了供奉土地公，也供奉著西拉雅族所

info

新化國家植物園
· 地址：臺南市新化區知義里口埤 76 號
· 電話：（06）590-1063

信奉的阿立祖。新春期間到此一遊，可以在此試試手氣，只要連續擲出 12 個聖筊，就可獲得黃金和住宿券，為新的一年博個好彩頭。

新化國家植物園被稱作「臺南市後花園」，景色優美是休閒度假的好去處。

大坑休閒農場

養雞場變身田園風

位在新化的大坑休閒農場占地 10 公頃，經營已有 20 餘年。園區裡有宛如童話故事般的度假小木屋，以及適合舒壓放鬆的山泉 SPA 水療浴場等，完善的設施，實在讓人很難相信這裡曾經是座養雞場。

農場主人蔡爸爸說，他從小在務農的家庭長大，蔡家的阿公和阿嬤靠著養雞、種菜養活全家人，而蔡爸爸也曾在這個農場裡養雞和養鹿。然而 20 幾年前，農場面臨轉型，在資金有限的情況下，全家人齊心努力改造，終於讓大坑休閒農場成了許多香港及東南亞旅客，慕名前來的度假之選。

沿著這裡的登山步道慢慢往上爬，抵達觀景樓後就能飽覽 360 度的山林美景，若想欣賞日出與夕陽，這裡更是最佳的地點。夏天造訪農場，蝴蝶生態區中翩翩飛舞的彩蝶令人驚豔；高空滑車繩索吊橋，則是考驗著體力和膽識。

info

大坑休閒農場
· 地址：臺南市新化區大坑里 82 號
· 電話：（06）594-1555

餵食農場裡的雞，體驗鄉村生活樂趣。

原木打造的木屋，讓旅客彷彿置身歐洲森林度假。

台南高爾夫球場

歷史悠久景致怡人

　　鄰近臺南市區、交通便利，早年是南部政商名人最愛的台南高爾夫球場，占地50公頃的球場內，有許多與球場同齡的30年老樹，高聳蔥鬱景色怡人。高大的椰子樹則是這裡的天然屏障，而高低起伏的天然地形，則是增加了球場的難度，讓打球更具挑戰性。

　　「台南」和「新化」字樣的造景，位於第17洞的發球台，是台南高爾夫球場的一大特色。

　　第14洞則是眺望虎頭埤風景區的最佳地點，讓球友在揮桿之餘，還能眺望美麗的虎頭埤風光，讓煩悶已久的心情放鬆下來。

　　第7洞則是球場內難度最高的一區，盲球道的地形，加上發球台前方的水池，還有右側的沙坑與草紋，地表的高低落差大，需要高超的打球技巧，才有辦法突破這裡的關卡。

　　為了讓球友們能享有更好的環境，老球場近年來不斷改造，展現出全新的魅力。像是特別利用球場內的畸零地，規畫出一座溫室庭園，配合著不同的季節種植番茄、草莓、瓜果類等水果，完全有機栽培的溫室作物，成熟時還能提供球場會員採收享用，可以說是打球之外的特別福利。

info

台南高爾夫球場
· 地址：臺南市新化區礁坑里100號
· 電話：（06）590-1666

在台南高爾夫球場揮桿之餘，還能眺望美麗的虎頭埤風光。

青青草原綠滿盈

　　草原上，只見一群人奮力將眼前超過一人身高的牧草圈推至終點，搖旗吶喊的加油聲此起彼落，參賽者縱使汗流浹背，臉上也掛著開心笑容，這就是走馬瀨農場一年一度的牧草節活動，總是吸引大批遊客熱情造訪。

　　山水一脈的走馬瀨農場，300 年前是西拉雅平埔族的聚落之一。300 年後，臺南縣農會買下這片 120 公頃的土地，先在這裡種植專業牧草，後來轉型成觀光休閒農場，而「走馬瀨」的名稱，就是從平埔族大武社的地名音譯而來。4 個臺北市大安森林公園的面積，起碼得花上大半天才能逛完。

　　24 年前，園方積極種花植樹、養植牧草，一大片翠綠景象，總讓人心情愉快。第一次造訪走馬瀨，不妨租輛單車，循著地圖及沿途指標盡興遊玩。你可以在農業館內採買特產，或是到觀光酒莊品酒，或是穿過綠蔭夾道的楓香林，或者撿拾桃花心木林道的落葉當書籤。

　　選擇步行慢遊的人，可以到後山的原始林步道，享受 40 分鐘森林浴，找回難得的清閒。這裡還有一個大人與小孩都喜歡的滑草場，

info

走馬瀨農場
· 地址：臺南市大內區二溪里嗊子瓦 60 號
· 電話：（06）576-0121

可以享受坐上滑車，從 30 度滑道直衝而下的刺激。

大人與小孩都喜歡的滑草場，現場洋溢著歡樂的笑聲。

嘿，你到西拉雅打卡了嗎？

左：綠意盎然的楓香林就像桃花源仙境。
上：蘭花會館外觀設計時尚休閒。
下：綠蔭與黃葉，展現季節更迭之美。

在走馬瀨，可以露營與餵牛，還能品嘗牧草做的饅頭，欣賞展示的舊時農具，也可以體驗小樹苗 DIY，如今更引進源自於瑞典的童軍遊戲——定向越野運動，考驗個人的智力與方向感，既達到競技目的，也可了解各景點風光。

別以為休閒農場只能搭帳篷住宿，走馬瀨還規畫了許多棟林間小屋，木造的矮房掩映在筆直的樹林下，讓人體驗在森林過夜的自然氛圍。而蘭花會館則是農場最新完成的精緻飯店，外觀設計時尚休閒，建築體之間以大型檜木建材裝飾串聯，107 間客房皆採用蘭花做為設計主題，連梳妝台上的燈座，都是漂亮的蝴蝶蘭外形。挑高的接待大廳裡，吊掛著造型美輪美奐的蘭花串燈，且會變化繽紛色彩，成為令人矚目的焦點。

會館後方是座人工水池，中央有個典雅的休憩涼亭，當夜幕降臨，會館燈光亮起時，這裡就成了最棒的觀賞景點。

最美的風景在西拉雅

張武俊

張武俊

現職：米店老闆

獲獎：臺南市政府攝影藝術貢獻獎、南美展攝影類第一名、全國美展攝影類金龍獎

作品：《夢幻月世界》、《全台首學》、《彩竹的故鄉》

有「惡地」之稱的草山月世界，在許多人眼中不過是一大片光禿禿的灰色山陵，但張武俊卻對它情有獨鍾，用 20 餘年的時光，以鏡頭記錄月世界四季與晨昏多變的迷人樣貌。

拍照資歷近半個世紀的張武俊，其實是位米店的老闆，而非專職的攝影師。現年 70 歲的他，早期只是想替剛出生的兒子拍照留作紀念，沒想到卻從此愛上攝影。為何如此迷戀草山月世界？因為張武俊第一次來這裡取景時，就被眼前流轉於真實與迷幻間的詭譎畫面所震懾，從此便欲罷不能，連續多年風雨無阻，天天到月世界報到，而他使用過的底片，更是以「萬卷」為單位計算。

「有人嫌月世界醜，但只要用不同的角度欣賞，自然就會發現它的感性與美麗。這裡的春、夏、秋、冬，有著截然不同的魅力。尤其是每年的 2 ～ 3 月當竹子由綠轉為金黃色時，更是令人驚豔。」對於張武俊來說，月世界的每分每秒都值得細細品味。

在張武俊眼中，二寮、308 高地、烏山都是最佳的賞景地點，而日出、雲海、彩竹、古厝，則是最具可看性及適合攝影捕捉的畫面。月世界豐富的生命力，像是被定格在張武俊一張張詩畫般的攝影作品中，也因此吸引諸多同好與遊客競相探訪。其實，還有更多的奇異美景，蘊藏在西拉雅的這片土地上，等著旅客用眼睛與真心，仔細蒐集留存記憶裡。

在地享分

用心聆聽美麗西拉雅語

萬淑娟

萬淑娟

現職：臺南市政府西拉雅原住民事務推動會執行秘書、西拉雅文化協會常務理事兼發言人

經歷：西拉雅文化協會理事長、西拉雅文化協會總幹事

「Siraya（西拉雅）是個愛好和平的族群，也是最早出現在臺灣這片土地上的原住民，更是用許多的包容和分享，讓不同的族群進入這片土地。」在西拉雅文化協會發言人萬淑娟的眼中，西拉雅的故鄉和祖先，是美麗、和平的。

為了找回這個美麗的族群，萬淑娟自 1997 年起，投入西拉雅語言的復育及相關文化的研究。耗時 15 年，偕同西拉雅文化協會等眾人的力量，成功找回 3,000 多個語彙，並且透過字典、繪本、有聲書等出版品，讓更多人看見、聽見，從中認識西拉雅。

主修音樂的萬淑娟，也在 10 多年前創辦了「Onini 樂團」，教導部落的小朋友歌唱，藉此傳承西拉雅語。萬淑娟說，Onini 在西拉雅語代表聲音的意思，因此，喚醒沉睡的聲音、找回消失的西拉雅文化，正是樂團當初成立的宗旨之一。

嘉南平原是西拉雅的原鄉，西拉雅國家風景區內的新化、左鎮、大內等地，都曾經是平埔族的主要聚落和獵場。沿著西拉雅國家風景區旅行，可以找到西拉雅曾經留下的足跡，例如阿立祖信仰、夜祭、特殊姓氏等。對於西拉雅有著濃厚情感的萬淑娟說，遊客只要細細體會，就能從風聲、樹語、鳥鳴、屋簷下的風鈴聲，聆聽到 Siraya 的動人樂章。

旅行聯絡簿

資訊查詢單位

單位名稱	電話
西拉雅國家風景區管理處	（06）684-0337
嶺頂遊客資訊站	（06）685-7455
大埔遊客中心（曾文管理站）	（05）252-1368
梅嶺遊客資訊站	（06）575-5830
臺南市政府觀光旅遊局	（06）632-2231 轉 5531、5541、5511
臺南市民服務熱線 24 小時	1999
大內區公所	（06）576-1001
白河區公所	（06）685-5102
東山區公所	（06）680-2100
六甲區公所	（06）698-2001

單位名稱	電話
官田區公所	（06）579-1118
山上區公所	（06）578-1801
楠西區公所	（06）575-1615
玉井區公所	（06）574-1141
南化區公所	（06）577-1513
左鎮區公所	（06）573-1611
新化區公所	（06）590-5009
新市區公所	（06）599-4711
善化區公所	（06）583-7226
柳營區公所	（06）622-1245

西拉雅國家風景區住宿指南

	單位名稱	電話	地址
	白河區		
浪漫美湯線	洗心館大旅社	（06）682-2302	臺南市白河區關嶺里關子嶺 9 號
	嶺一旅社	（06）682-2325	臺南市白河區關嶺里關子嶺 9-2 號
	仁惠山莊溫泉渡假中心	（06）682-2313	臺南市白河區關嶺里關子嶺 10-1 號
	熱俐溫泉會館	（06）682-2307	臺南市白河區關嶺里關子嶺 11 號
	青雅溫泉旅館	（06）682-2550	臺南市白河區關嶺里關子嶺 11-12 號
	鴻都溫泉山莊	（06）682-2347	臺南市白河區關嶺里 12-24 號
	湯泉美地溫泉會館	（06）682-2282	臺南市白河區關嶺里 15 號
	警光山莊	（06）682-2626	臺南市白河區關嶺里關子嶺 16 號
	靜樂旅社	（06）682-2678	臺南市白河區關嶺里關子嶺 17 號

單位名稱	電話	地址
麗湯渡假山莊	（06）682-2322	臺南市白河區關嶺里關子嶺 22 號
芳谷旅社	（06）682-2222	臺南市白河區關嶺里關子嶺 24-11 號
關子嶺統茂溫泉會館	（06）682-2727	臺南市白河區關嶺里關子嶺 28 號
景大山莊	（06）682-2500	臺南市白河區關嶺里關子嶺 56 號
儷景溫泉會館	（06）682-2588	臺南市白河區關嶺里關子嶺 61-5 號
紅葉山莊	（06）682-2822	臺南市白河區關嶺里關子嶺 65-9 號
關山嶺泥礦溫泉會館	（06）682-3099	臺南市白河區關嶺里關子嶺 65-10 號
林桂園石泉會館	（06）682-3202／682-3122	臺南市白河區關嶺里 53-18 號
富國旅社	（06）685-2035	臺南市白河區新生路 15 號
鴻海大旅社	（06）683-0358	臺南市白河區中正路 42 號
官田區		
新大西拉雅渡假飯店	（06）698-3121	臺南市官田區嘉南里 92 號
六甲區		
六甲旅社	（06）698-3215	臺南市六甲區文化街 61 巷 15 號
玉井區		
金都大旅社	（06）574-2106	臺南市玉井區中華路 107 號
華都客棧	（06）574-2121	臺南市玉井區民主街 71 號
楠西區		
曾文青年活動中心	（06）575-3431	臺南市楠西區密枝里 70-1 號
南化區		
龍門大旅社	（06）579-1906	臺南市官田區裕民街 9 號
湘源大旅社	（06）579-2147	臺南市官田區新生街 126 號
隆田大旅社	（06）579-1268	臺南市官田區中山路一段 118 號
新化區		
虎頭埤青年活動中心	（06）590-2011	臺南市新化區中興路 42 巷 36 號
東北旅社	（06）590-7356	臺南市新化區中山路 286 號
安樂旅社	（06）590-7309	臺南市新化區信義街 189 號
中央旅社	（06）590-9095	臺南市新化區中正路 443 號
長榮汽車旅館	（06）590-6575	臺南市新化區中山路 70 號
金龍溫泉大旅社	（06）590-0889	臺南市新化區中興路 626 號
梅園大旅社	（06）590-7160	臺南市新化區中山路 180 號

歡樂鄉野線

繽紛藝境線

西拉雅國家風景區餐飲指南

單位名稱	電話	地址
白河區		
鴨先生	（06）685-5391	臺南市白河區中山路 56-3 號
關嶺烤雞	（06）682-2773	臺南市白河區關子嶺 65-25 號
山霸王餐廳	（06）682-2350	臺南市白河區關子嶺 11-11 號
山頂居山產美食	（06）682-2825	臺南市白河區關子嶺 41 號
5021 餐廳	（06）682-2833	臺南市白河區關子嶺 31-12 號
龍泉食堂	（06）682-2337	臺南市白河區關子嶺 21 號
杉嶺美食城	（06）682-2329	臺南市白河區關子嶺 83 號
竹香園山產美食	（06）682-3100	臺南市白河區關子嶺 46-3 號
嶺景土雞城	（06）682-2202	臺南市白河區關子嶺 48 號
月園美食	（06）682-2920	臺南市白河區關子嶺 29-1 號
老街山產美食	（06）682-3369	臺南市白河區關子嶺 18 號
懷香小吃	（06）682-2591	臺南市白河區關子嶺 65-5 號
新溪邊用餐休閒坊	（06）682-2469	臺南市白河區關嶺里三重溪 6 號
東茂餐廳	（06）685-2128	臺南市白河區永安里十全街 295 號
山霸王山海產餐廳	（06）682-2350	臺南市白河區關嶺里關子嶺 11-1 號
越南文化村	（06）685-9786	臺南市白河區虎山里 23-1 號
敬義堂京宴餐廳	（06）683-2423	臺南市白河區河東里糞其湖 84-6 號
蟬園	（06）685-7388	臺南市白河區六溪里六重溪 76-15 號
吳記森勝興餅行	（06）685-2559	臺南市白河區中正路 36 號
蓮緣香水蓮花園	（06）685-2399	臺南市白河區大竹里 192-16 號
醉月軒	（06）681-7156	臺南市白河區草便里 10-75 號
白河鴨頭	（06）685-4960	臺南市白河區中山路 16 巷 3 號
沐春養生會館	（06）682-3232	臺南市白河區關嶺里 27 號
五福園溫泉美食館	（06）682-2199	臺南市白河區關嶺里 31-15 號
東山區		
東山伴你咖啡館	（06）686-2858	臺南市東山區大洋 15 號
村長庭園咖啡	（06）686-1885	臺南市東山區高原里 100-9 號
五隆園咖啡廣場	（06）686-3597	臺南市東山區高原里高原 108-4 號
東香貓咖啡園	（06）686-3156	臺南市東山區南勢里大洋 29 號
東山鄉農會咖啡文化館	（06）680-2816	臺南市東山區東中里中興路 1 號
芝喜香咖啡	（06）686-2789	臺南市東山區南勢里 1 鄰大洋 11-1 號
三尖山咖啡園	（06）686-0072	臺南市東山區南勢里岩坑 21 號

浪漫美湯線

單位名稱	電話	地址
山野農莊咖啡園	（06）686-1085	臺南市東山區南勢里大洋 19 鄰 35-36 號
鄉舍咖啡	（06）686-3577	臺南市東山區南勢里大洋 10-1 號
崁頭山咖啡館	（06）686-3588	臺南市東山區南勢里 14 號
高醇坊	（06）686-0229	臺南市東山區高原里李仔園 100-8 號
丹品咖啡園二館	（06）686-4075	臺南市東山區高原里李仔園 104-2 號
六甲區		
良賓山海產店	（06）698-2839	臺南市六甲區珊瑚路 45 號
大福豆菜麵	（06）698-0680	臺南市六甲區六甲市場內
官田區		
國立台南藝術大學餐廳	（06）693-0100	臺南市官田區大崎里 66 號
隆田酒廠	（06）579-4669	臺南市官田區隆本里中華路 1 段 335 號
二鎮鴨肉大王	（06）698-0195	臺南市官田區二鎮里 97-1 號
嘉義縣大埔鄉		
佳香餐廳	（05）252-1513	嘉義縣大埔鄉大埔村 190 號
大立餐廳	（05）252-2303	嘉義縣大埔鄉大埔村 192 號
河濱餐廳	（05）252-1555	嘉義縣大埔鄉大埔村 199-1 號
大埔餐廳	（05）252-1428	嘉義縣大埔鄉大埔村大埔街 199-22 號
官田區		
凱旋餐廳	（06）579-2163	台南市官田區南部里三結義 41-1 號
楠西區		
太山梅子雞	（06）575-1931	台南市楠西區梅嶺 4 號
福來梅仔雞	（06）575-3966	臺南市楠西區水庫路 279 號
玉井區		
綠色空間	（06）5747666	臺南市玉井區沙田 25-66 號
茂興土雞城	（06）574-6269	臺南市玉井區豐里里 89-7 號
官田區		
西拉雅風味養生館	（06）698-5882	臺南官田區嘉南里 92 號（烏山頭水庫內）
左鎮區		
太鼓山鹹飯	（06）573-0069	臺南市左鎮區二寮里 64 號
茅蘆農莊	（06）573-2056	臺南市左鎮區榮和村 62-11 號
清香小吃店	（06）573-1268	臺南市左鎮區中正里 78-3 號
新化區		
泰香餅舖	（06）590-6688	臺南市新化區中正路 431 號
東發號肉粿仔	（06）590-0300	臺南市新化區信義街 239 號
清樂食堂	（06）590-4128	臺南市新化區中山路 127 號
一心羊肉店燜羊肉	（06）590-0421	臺南市新化區中興路 810 號

歡樂鄉野線

繽紛藝境線

節慶小叮嚀

西拉雅節慶玩賞小叮嚀

春

◎烏山頭櫻花季／官田區（3月中旬～4月中旬）

・烏山頭水庫風景區的櫻花花期長短及花開狀況與氣候相關，建議行前上網或以電話查詢。

◎梅嶺賞螢季／楠西區（4月～5月底）

・至梅嶺風景區賞螢請著長袖、長褲以防蚊蟲叮咬；另山路崎嶇、光線不足，避免單獨入山。

・最佳賞螢時間為晚上7～9點前，需自備手電筒並以紅色玻璃紙包覆降低光害。近觀時記得關掉光源，勿以閃光燈拍照，更勿大聲喧嘩或任意捕捉。

・除了賞螢，也別忘了品嘗當地特色美食；另外梅醋、梅精、脆梅、紫蘇梅等，也是最好的伴手禮。

夏

◎白河賞蓮季／白河區（6月底～8月）

・蓮花約清晨5～6點開花，午後花瓣就會開始閉合，記得把握賞花時間。

・騎鐵馬遊蓮田或蓮花公園別有一番樂趣，但別忘了做好防曬以及適時補充水分。

・賞蓮之餘，不妨來杯蓮子湯、蓮藕牛奶或蓮子剉冰等甜品消消暑氣；另外，蓮子大餐是賞蓮季節才吃得到的限定料理。

◎芒果季／南化、玉井、楠西、左鎮區（6～7月）

・芒果季節走一趟玉井芒果市場，即可買到物美價廉的芒果。除此之外，也別忘了到玉井市區吃芒果冰、買芒果乾，或是到虎頭山上品嘗芒果大餐。

◎紅葉公園蝴蝶遊樂園／白河區（7～8月）

・紅葉公園最佳賞蝶時間為早上8～11點；蝴蝶容易受到驚嚇，賞蝶時請動作輕柔、勿大聲喧嘩，更不可任意捕捉。

・紅葉公園因停車空間有限，且每年活動期間便會實施交通管制，建議可多加利用「關子嶺免費接駁專車」前往。（詳細活動時間請至西拉雅官網查詢www.siraya-nsa.gov.tw）

◎東山龍眼季／東山區（7～8月）

・為期約一個月的龍眼季節非常適合親子同遊，體驗用長竹竿絞龍眼、以土窯烘焙龍眼乾的樂趣。

・龍眼烘焙時溫度高，為避免燙傷，請家長隨時注意小朋友的安全。

・東山區各山區部落的龍眼乾，皆採傳統烘焙法製作，嘗起來有淡淡的炭火香，是推薦的伴手禮。

◎火王爺祭／白河區（農曆6月24日）

・每年的火王爺祭典，不但是關子嶺的盛事，也是全臺首創的祭典活動。

・融合臺灣及日本祭儀文化的火王爺祭，仿日本的祇園祭打造火王爺的專屬山車，除了邀請民眾一起拉山車，也讓大夥發揮創意，化裝成火王爺或各種妖魔鬼怪，參與踩街嘉年華活動。

秋

◎官田菱角季／官田區（9～10月）

・每年9月底是官田菱角的盛產時期，而10月底則為菱角的最佳賞味期。成熟的菱角外表呈現暗紅色，可從浮葉下方摘取。

・官田農會研發多種菱角入菜的冷凍料理，方便消費者購買回家自行烹調。

◎東山吉貝耍哮海祭／東山區（農曆 9 月 5 日）
· 「吉貝耍」被認為是西拉雅系蕭社現存的最大族群，每年舉行的傳統夜祭及哮海祭，與大內區的頭社夜祭，同列為臺南境內平埔族的兩大祭典。
· 祭典從下午一點開始，村人挑著牲禮、飯菜等祭品，來到臨時祭壇祝禱，哭祭死於海難的先民，安慰亡靈、感念先人。
· 雖有祭典司儀及文化導覽員進行解說，但若能事先搜尋相關資訊，將有助於更了解祭典儀式的內涵。

◎東山咖啡節／東山區（10 月～11 月）
· 到訪東山咖啡公路，別忘了品嘗以咖啡入菜的各式獨特料理：咖啡雞湯、咖啡水餃等。（因多數咖啡館平日不供餐，如欲前往建議事先電話確認）
· 「咖啡紅了，橘子綠了」。東山咖啡的盛產期間，也是椪柑成熟季節，建議可到觀光果園體驗採果樂。

冬

◎溫泉美食嘉年華／白河區（10 月～翌年 1 月）
· 為配合觀光局的溫泉季活動，關子嶺溫泉區有許多住宿、餐飲店家都會推出套裝行程優惠，建議可提前上網搜尋（http://taiwan.net.tw）。
· 關子嶺特殊的泥漿溫泉具有美容效果。泡湯時，別忘了仍需注意相關禮節及注意事項。
· 除了體驗溫泉，甕缸雞、桶子雞也是遊玩當地的必嘗美食。

◎頭社太祖夜祭／大內區（農曆 10 月 14 日～15 日）
· 太祖是西拉雅族的最高祖靈，又稱太上老君。每年於太上龍頭忠義廟舉辦的頭社太祖夜季，是為了慶祝太祖壽誕而舉行的盛大祭典。
· 參加祭典時應態度莊重，尊敬不同的信仰文化。
· 山區入夜氣溫低，若想全程參與建議準備禦寒衣物。

◎大埔謝公願／嘉義縣大埔鄉（農曆 11 月 15 日）
· 每年大埔民眾都會在這一天獻上供品，祭拜北極殿的玄天上帝（此一還願儀式又稱為謝公願）。近年來祭典更增加祈福遶境的晚會內容，並結合周邊景點組合成套裝行程，讓遊客方便參與。

◎大埔瘋單車／嘉義縣大埔鄉（12 月）
· 此為交通部觀光局西拉雅國家風景區管理處，每年於曾文水庫風景區舉辦的活動，邀集全臺喜愛單車的遊客，一起裝扮、改造自己的腳踏車。
· 除了參加活動，也可搭船一遊曾文水庫，尋找傳說中的山豬島及飛鷹峽谷；而附近的農場及度假中心，也會於活動期間推出各項優惠套裝行程，行前別忘了做功課，才能享受優惠。

◎梅嶺賞梅季／楠西區（12 月～翌年 1 月）
· 記得掌握花開資訊，才能看見梅嶺最美的景色。此外，梅嶺風景區也有健行步道，建議可視體力納入旅遊行程的安排。
· 當地有許多餐廳提供各式梅子特色料理，尤其梅子雞，更是當地的招牌料理。

◎東山迎佛祖／東山區（農曆 1 月 10 日）
· 碧軒寺主祀的觀世音菩薩，是從火山碧雲寺（火山即關子嶺的舊稱）迎請過來的。兩寺百年來皆保持著密切的交流，也因此每年碧軒寺的觀音佛祖，會在農曆 12 月 23 日回到碧雲寺過年，此為「東山佛祖回娘家」的典故由來。
· 全程需步行，由東山經六重溪約數公里，其中包含山路與陡坡，建議參加前，先評估自己的體能狀況，並穿著舒適的服裝和運動鞋。
· 碧軒寺備有免費火把，供隨香信眾取用，行經香路時請小心火燭及自身安全。回駕時間大多為氣溫較低的凌晨，別忘了注意保暖與財物安全。

註：上述為西拉雅國家風景區內，各類型的產業文化活動，這些活動會因季節變化而略有調整，活動詳情皆可於行前至各農會、鄉鎮區公所或上網查詢，以免向隅。

安全一把罩

📍 旅遊安全須知

🗺️ 行前

- 事前規畫旅遊路線,並於出發前確實掌握當地的氣候及交通狀況。
- 詳細檢視裝備並隨身攜帶,做好防曬保暖的工作。
- 夏季出遊記得隨時補充水分;隨身攜帶遮陽帽、防曬油及太陽眼鏡。
- 行車遵守交通號誌及交通指揮人員指示。
- 遵守警告及禁止標誌,不亂闖危險地區。

🏊 戲水

- 戲水及游泳之前,注意環境安全並做好暖身運動;勿前往無救生員管理的湖邊及溪流等水域游泳。
- 患有心臟病、肺病及氣喘者,請勿從事游泳活動。
- 不要貿然前往不熟悉的水域戲水及游泳。
- 避免讓幼童單獨戲水或離開大人的視線,以免發生意外。
- 颱風前後避免前往山區或海邊旅遊。

⛰️ 登山

- 行前要有周詳計畫,並跟隨有經驗的嚮導前往。根據登山路線的難易度備妥登山裝備,包括:地圖、指北針、無線電、收音機、乾糧及飲用水等。
- 前往山區旅遊要留意午後雷陣雨、落石、虎頭蜂、毒蛇及野生動物等,且避免單獨行動。
- 山區氣候多變,需準備禦寒衣物及雨具。
- 裝備不足時勿隨意前往不熟悉的路線;天色昏暗前必須返回平地。服裝以容易排汗為挑選原則。
- 避免塗抹香水及氣味濃郁的化妝品,以防蜜蜂叮咬。
- 盡量避免太陽直接照射皮膚;穿著顏色鮮明服飾可反射陽光、降低身上熱度,有助預防中暑及熱衰竭。

🎡 設施

- 搭乘水上交通工具,務必穿著救生衣,並注意上下船和行駛間的安全。
- 請勿搭乘沒有合法執照的各式交通工具,並留意是否超載。
- 請勿搭乘未經安全核准的機械遊樂設施。
- 露營時,需注意營地安全,勿在地勢低窪及容易發生危險之處紮營。

♨️ 泡湯

- 入浴前應先徹底洗淨身體。
- 患有傳染性疾病者禁止入浴。
- 患有心臟病、肺病、高血壓、糖尿病,以及其他循環系統障礙等慢性疾病的患者,應依照醫師指示入浴,以免身體不適。
- 乾性及過敏性皮膚,應避免泡溫泉。
- 女性生理期間禁止入浴。
- 酒醉、空腹及飽食後,不宜入浴。
- 禁止攜帶寵物入浴。
- 浸泡溫泉時間一次不宜超過 15 分鐘。
- 溫泉浸泡高度不宜超過心臟。
- 泡完溫泉不宜直接進入烤箱,以免造成眼睛角膜的傷害。
- 懷孕婦女、行動不便老人,以及未滿 3 歲之幼兒不宜入浴。
- 年歲較高、健康欠佳者,應避免單獨入浴,以免發生意外。
- 長途跋涉、疲勞過度或劇烈運動後,應稍作休息再入浴,以免引發腦部貧血或休克的現象。
- 泡浴中若有任何不適,請立即離池並通知服務人員。

氣象・交通查詢單位

單位名稱	電話
中央氣象局	氣象查詢：（02）2349-1234 ／地震查詢：（02）2349-1168
土石流防災資訊	0800-246-246
交通部臺灣區國道高速公路局	（02）2909-6141
公路總局轄管省道及代養縣道阻斷事件資訊	路況語音查詢專線：（02）2311-3456 轉 1968 路況及災害查詢專線：0800-231-034
西拉雅國家風景區管理處	（06）684-0337

緊急救援・醫療單位

單位名稱	電話
中華搜救總隊臺南隊部	（06）289-1452
中華搜救總隊南區勤務指揮中心	（06）2650-604
中華搜救總隊南區聯隊部	（06）265-0604
臺南市南友互助救難協會	（06）689-7508
臺南市飛狼山岳搜救協會	（06）652-6892
臺南市救難協會	（06）330-9595
臺南市菁英救難協會	（06）312-9233
臺南市警民互助救難協會	（06）622-5996
嘉義市衛生局	（05）362-0600
大埔鄉衛生所	（05）252-1214
臺南市政府衛生局	（06）267-9751 ／ 575-1841
奇美醫院	（06）281-2811
蓋德醫院	（06）698-2576
奇美醫院柳營分院	（06）622-6999
臺南醫院新化分院	（06）591-1929

嘿,你到西拉雅打卡了嗎?/商周編輯顧問股份有限公司企畫製作.
—— 初版 .—— 臺南市:西拉雅風景管理處,民 101.12
　面;　公分
ISBN 978-986-03-3646-7(平裝附光碟片)

1. 旅遊　2. 西拉雅國家風景區

　　　　　733.64　　　　　　　　　　　　　　　101018357

出 版 機 關　　**交通部觀光局西拉雅國家風景區管理處**
發 　 行 　 人　　廖源隆
地 　 　 　 址　　73257 臺南縣白河鎮仙草里仙草 1-1 號
電 　 　 　 話　　(06)684-0337
傳 　 　 　 真　　(06)684-0338
網 　 　 　 址　　www.siraya-nsa.gov.tw
出 版 年 月　　101 年 12 月
版 　 　 　 次　　初版
其他類型版本　　本書另登載於本處網站 www.siraya-nsa.gov.tw 中「多媒體典藏／出版品」

企 畫 製 作　　**商周編輯顧問股份有限公司**
地 　 　 　 址　　104 臺北市中山區民生東路二段 141 號 6 樓
網 　 　 　 址　　 www.bwc.com.tw
電 　 　 　 話　　(02)2505-6789 轉 5500
傳 　 　 　 真　　(02)2507-6773
印 　 　 　 刷　　采富創意印刷有限公司
定 　 　 　 價　　新臺幣 250 元

展 售 門 市
五南文化廣場　　網 　 　 址　　www.wunanbooks.com.tw
　　　　　　　　臺中總店　　40043 臺中市中區中山路 6 號
　　　　　　　　服務電話　　(04)222-60330
　　　　　　　　營業時間　　09:30 ～ 22:00,全年無休

國 家 書 店　　網 　 　 址　　www.govbooks.com.tw
　　　　　　　　松江門市　　10485 臺北市中山區松江路 209 號 1 樓
　　　　　　　　服務電話　　(02)2518-0207 轉 15
　　　　　　　　營業時間　　星期一至六 10:00 ～ 20:00,星期日休息

GPN ／ 1010102958　ISBN ／ 978-986-03-3646-7
著 作 權 歸 屬　　交通部觀光局西拉雅國家風景區管理處
授 權 聯 絡 人　　伍哲宏
服 務 電 話　　(06)684-0337 轉 230